BISMARCK

Ein pſychologiſcher Verſuch von

EMIL LUDWIG

FISCHER / VERLAG / BERLIN

BISMARCK

Ein psychologischer Versuch von

EMIL LUDWIG

1911

S. FISCHER / VERLAG / BERLIN

MEINER MUTTER ZUGEEIGNET
MOSCIA, IM SOMMER 1911

VORWORT

Um jeden Helden sind drei Männer bemüht: der Dramatiker, der Biograph, der Analytiker.

Der Dramatiker formt um ihn als Mittelpunkt eine Kugel, der Biograph schlägt um ihn einen Kreis, der Analytiker legt durch ihn einen Schnitt.

Die Daten eines Lebens sind dem Biographen Zweck, dem Analytiker Mittel, dem Dramatiker Vorwand.

Der Biograph kommt zuerst, der Analytiker zu zweit, der Dramatiker wann er will.

Die Gefahr des Dramatikers ist die Wahrheit, die Gefahr des Analytikers ist die Anekdote, der Biograph ist außer Gefahr.

Der Dramatiker muß, der Biograph kann Analytiker sein, der Analytiker verschluckt den Biographen und scheut den Dramatiker.

Hauptmaterialien des Dramatikers sind Anekdoten, des Biographen Dokumente der Zeit, des Analytikers Biographien, Bilder und Autobiographie. Autobiographie sind Memoiren, Briefe, Reden und die vom Biographen anerkannten Gespräche.

Aufgabe des Dramatikers ist freie Nachschöpfung eines Menschen, Aufgabe des Biographen ist sachliche Ermittelung seiner Taten und Motive, Aufgabe des Analytikers ist die Entdeckung der Seele.

Die Sünde des Dramatikers ist Ersetzung des Menschen durch seine Idee, die Sünde des Biographen ist Anfügung eines Schlußkapitels über den Helden „als Mensch", die Sünde des Analytikers ist Übersehen des kleinsten psychischen Symptoms.

Das Ideal des Dramatikers ist Illusion eines Lebendigen, das Ideal des Biographen ist sachliche Erschöpfung, das Ideal des Analytikers ist Zurückführung aller Taten, Wünsche, Gedanken und Motive des Helden auf nicht mehr teilbare Elemente der Seele.

ENTWICKLUNG

CHAOS

Wessen Lauf auf mittlere oder kurze Dauer berechnet ist, der findet die großen Entscheidungen, die Jugend in Reife, Chaos in Ordnung wandeln, wohl schon Anfang der zwanziger Jahre. Bismarcks Bahn war wie Goethes auf acht Jahrzehnte angelegt, alle Entscheidungen fielen bei ihm spät.

„Als normales Produkt unseres staatlichen Unterrichts verließ ich Ostern 1832 die Schule als Pantheist, und wenn nicht als Republikaner, doch mit der Überzeugung, daß die Republik die vernünftigste Staatsform sei." Mit diesem Bekenntnis des Siebzehnjährigen beginnt Bismarck seine Memoiren. Aber schon sechzehnjährig hörte er mit Bewußtsein auf zu beten, „indem ich mir sagte, daß entweder Gott selbst nach seiner Allgewalt alles, also auch jeden meiner Gedanken und Willen hervorbringe und so gewissermaßen durch mich zu sich selbst bete, oder daß, wenn mein Wille ein von dem Gottes unabhängiger sei, es einen Zweifel an der Vollkommenheit des göttlichen Ratschlusses enthalte, wenn man glaube, durch menschliche Bitten darauf Einfluß zu üben."

Dies ist das Vorspiel.

Nun, da er Student wird, beginnt das Chaos in ihm zu brausen. Er ist nicht lebhaft, aber entschlossen, beobachtend, doch zuweilen von plötzlichem Zorn befallen. Er liebt und fordert Takt und Manieren, ficht 28 Mensuren in zwei Semestern und wird einmal berührt. Er verläßt die Burschenschaften, die keine Satisfaktion geben und ihm als eine „Verbindung von Utopie und Mangel an Erziehung" erscheinen. Er folgt, nach dem Bericht seines Jugendfreundes, „dem Naturtrieb ohne große Skrupel", zitiert aber selbst darauf „a moment cherished and than cast away, — sie waren dann auch danach." Aristokrat, Realist, Skeptiker.

Es ist der trotzige Träumer, wie ihn Kessel 19jährig zeichnet.

Er gewinnt zwei Freunde, beide nicht im Korps, beide nicht Juristen, beide Ausländer, die er dann zwei Jahrzehnte nicht sieht, als Vierzigjähriger wiederfindet und bis in den Tod festhält. Es sind heitere, kluge, ungebrochene Naturen. Sonst bleibt nichts übrig, kein tiefes Gemeinsamkeitsgefühl, keine Sehnsucht im Alter zurück nach jenen Jahren, — vielmehr das Wort vom Champagner jener Jugendzeit, „der nutzlos verbrauste und schale Neigen zurückließ."

Zwanzig und zweiundzwanzigjährig besteht er die ersten juristischen Examina und geht auf Wunsch der ehrgeizigen Mutter in den Staatsdienst; versucht es in Potsdam, wo der Oberpräsident entrüstet über seine „63 Reste" ist, und in Aachen, wo er elegant wird, wenig tut, Spielschulden macht, sich mit einer Engländerin ver- und entlobt und seinen Urlaub auf weiten Reisen um Monate überschreitet; wirft schließlich alles hin und nimmt seinen Abschied.

Gründe: Er hielt es nicht für ein Glück, selbst Minister zu werden, für „ebenso respektabel Korn zu bauen als Verfügungen zu schreiben", sein Ehrgeiz gehe weniger dahin zu befehlen, als nicht gehorchen zu müssen. Die Wirksamkeit des Einzelnen sei unselbständig wie in einem Orchester. „Ich will aber Musik machen, wie i ch sie für gut halte, oder gar keine. Bei uns muß man als abhängiger Staatsdiener jeder Individualität entsagen." Auszeichnungen eines Soldaten im Kriege oder eines Staatsmannes bei freier Verfassung, wie Mirabeau, würden ihn anziehen; weniger aber Erfolge, „die auf dem breitgetretenen Wege durch Examina, Konnexionen, Aktenstudien und Wohlwollen der Vorgesetzten zu erreichen wären". Beim Weine sei er nicht frei von Ehrgeiz, bekämpfe ihn aber bei ruhiger Überlegung, um so mehr, als, wenn er ihm verfalle, er das Opfer seiner ganzen Kraft und Unabhängigkeit fordere, „ohne, auch bei glücklichsten Erfolgen, eine dauernde Befriedigung und Sättigung zu gewähren."

Dieser Familienbrief ist geschrieben von einem, der nicht aus Furcht vor Mißerfolg, sondern aus Verachtung der Stufenleiter, nicht aus Leidenschaft für ein anderes, sondern aus allgemeiner Skepsis fortgeht, der ein Eckchen Macht aus Willen zur Macht verschmäht, den nur ein Werk höchsten Stiles, nicht mittlere Ehre reizen konnte. Es ist das Wetterleuchten einer dämonischen, gewaltsamen Natur, deren Tatendurst sich an der Skepsis der Alltäglichkeit ernüchtert.

Hört man ihn später versichern, er sei damals allgemein „viel unglücklicher und weltabgewandter" gewesen, als er es seiner Familie darstellen konnte, betrachtet man diese Züge des Dreiundzwanzigjährigen — eines Verschlossenen Züge, eines hartnäckigen Denkers, eines Rationalisten wider Willen —, so verdunkelt sich das Bild noch mehr, und man ahnt den Willen zur Einsamkeit in dieser uferlosen Seele.

Nun ist die Mutter tot, die pekuniäre Lage der Familie drückend: er geht auf seiner Väter Gut und sieht sich zum erstenmal einer Aufgabe gegenüber, einer sinnlich erkennbaren, umgrenzten, nötigen. Er wirft sich auf die Hebung der Güter, und nach drei Jahren geht es dort gut. Dann hat er wieder kein Ziel. Es folgen die Jahre des sogenannten „tollen Junkers."

Sie sind nicht toll, sondern dunkel. Es ist wahr: er weckt wohl seine Gäste mit einigen Pistolenschüssen gegen ihre Zimmerdecke, daß der Kalk sie beschüttet, er reitet verwegener als irgendeiner im Umkreis, stürzt oft und heilt nur durch seine Riesennatur. Es gibt viel Porter und Sekt bei ihm, dem Gast setzt er sie hin und sagt: help yourself, und viel und anziehend erzählt er dabei von seinen Reisen. Aber das sind nur die Explosionen eines Temperamentes, das komprimiert und ohne Aufgaben sich ermüden will.

Tief einsam sucht und findet er die Freunde der Betrachtenden, die Bücher. Vorher war er „Skeptiker bis zum Extrem", erst die Einsamkeit bringt ihn „zum anhaltenden Denken. Immer indes blieb mein Streben nach Erkenntnis in den Zirkel des Verstandes gebannt, und führte mich unter Lesung von Strauss, Feuerbach, Sallet nur tiefer in die Sackgasse des Zweifels." Er liebt Macchiavelli und Spinoza. So vergeht die Zeit in „trostloser Niedergeschlagenheit mit dem Gedanken, daß mein und anderer Menschen Dasein zwecklos und unersprießlich sei."

Er wird mehr und mehr Melancholiker, betreibt schwärmerisch die Lektüre Byrons, Lenaus, Grüns. Viele Gedichte schreibt er sich ab. „Nay, smile not at my fallen brow —." Immer wieder finden sich in seinen Briefen Zitate nach Byron, noch nach Jahren, und man sieht, wie er ihn stets im Kopfe spürt. Sein Wesen ward von jenem Wesen angezogen, das, im Bewußtsein grenzenloser Tatkraft, sich doch nur zu pathetischer Klage aufgerufen und verurteilt fühlte.

Nun wird er Pantheist mit tieferem Grunde, er denkt sich Gott als einen, „der sich um ein solches Stäubchen nicht bekümmern könnte, — volle Glaubenslosigkeit, völlige Gleichgültigkeit gegen Freud und Leid, stets bodenlose Langeweile und Leere."

27 jährig hört er auf zu tanzen, weil das nur der Jugend zieme.

Dabei behält er die Gewohnheiten des Landedelmannes. Dies ist Bismarck, der zuweilen, Enten jagend, auf beschilftem Weiher im Boot liegt, Hamlet lesend, zur Rechten die Büchse, die entkorkte Champagnerflasche zur Linken.

Er ist allein. Seinen Vater sieht er zuweilen, die Schwester heiratet fort, er hat keinen Freund, er leidet an „Verwilderung und Liebesmangel" und schildert später, wie er in trostloser Stumpfheit sein Haus betrat, wie ihn die Tür seines Zimmers angähnte und das stumme Gerät in dem leblosen Raum. „Nie wurde mir die Öde meines Daseins deutlicher als in solchen Augenblicken, bis ich dann ein Buch ergriff, von denen keines traurig genug war oder mechanisch an irgend ein Tagewerk ging.

Am liebsten kam ich des Nachts nach Hause, um gleich zu schlafen."

Noch zweimal versucht er es, sein Lebensgefühl zu wecken, sich ein Zentrum zu erwählen, um das sich alle Gaben und Wünsche kristallisieren könnten. 27jährig verlobt er sich zum zweitenmal, aber der Brautmutter ist er unheimlich und das Mädchen hält während dieses Konfliktes nicht Stich. 29jährig geht er zum zweitenmal in den Staatsdienst, um noch einen „Anlauf auf eine Ministerstelle zu nehmen, aber mehr aus Langeweile als berufen", — verläßt aber sogleich wieder den Dienst, weil er die Bureauarbeit nicht verträgt.

Vier Versuche des Problematikers nach Tat und nach Liebe, immer zurückweichend.

Dies ist Bismarck, der, noch nicht 30 Jahre, in sein Notizbuch zwischen die Ausgaben „für ein Mittagbrot 11 Sgr. und Wein im Bremer Ratskeller 1 Rtlr. 10 Sgr." die Worte schreibt: „Das Leben ein Schattenspiel: ein schlechter Komödiant, der nur eine Stunde auf die Bretter springt und dann vergessen bleibt, oder der eine schon gehörte Mär vor einem Narren erzählt, voll Wut mit großen Worten und doch nichts bedeutend . . ." Es klingt wie Worte des Melancholischen Jacques.

Und dann schreibt er seiner Schwester, 30jährig: „Ich muß mich übrigens, hol mich der D . . . . .! verheiraten, das wird mir wieder recht klar, da ich mich einsam und verlaassen (sic!) fühle, und milde, feuchte Witterung mich melancholisch, sehnsüchtig, verliebt stimmt. Mir hilft kein Sträuben, ich muß zuletzt doch noch H. E. heiraten, die

Leute wollen es alle so. Sie läßt mich zwar kalt, aber das tun sie alle ... Am Ende steckt noch der Pollack von Neigung für meine ungetreue Stellmacherin in mir, eine Schwäche, aber um derentwillen ich anfange, mich zu achten."

Es ist der vollständige Nihilismus. Steuerlos wie der todwunde Ritter treibt er auf dem Meer, mit klagenden Gesängen in einsamen Stunden. Nur ein Wunder trieb Tristan an die Küste.

SAMMLUNG

Die genialen Männer aller Zeiten sind gläubig gewesen. Ihre Skepsis, gleichfalls ein Signum jedes Genies, verstummt vor einem Punkte. Es ist dann gleichgültig, ob sie ihn Tugend nennen wie Sokrates, ihren Stern wie Napoleon, Natur wie Goethe. Je näher sie der Gottheit sind, so tiefer fällt in die Schluchten ihrer Seele deren Licht. Die äquivalente Skepsis ist nur Erkenntnis eigener Überlegenheit über die Mitwelt.

In diesem Betracht ist es schließlich gleichgültig, an wen Bismarck eines Tages zu glauben begann. 30jährig war er noch ein Mann ohne Ziel, ohne Tätigkeit, ohne Weltbild, ohne inneres und äußeres Zentrum. Nach seiner Zeit, seiner Familie, seiner Bildung wurde er Christ, nach seinem Charakter Protestant. Wichtig ist allein: er wurde gläubig.

Aus diesem Quell allein konnte dem Nihilisten neue Lebenskraft fließen. Dieser Problematiker brauchte eine mystische Rückwelt.

Bismarck erwirbt, fast 30jährig, einen Freund: Moritz von Blankenburg, ihm ähnlich, nur schwach. Seine Braut, Marie von Thadden, ist das ideale Mädchen. Die Luft um beide fließt pietistisch, aber voll Kultur. Der alte Thadden ist in den Freiheitskrieg als Leutnant gezogen, das Neue Testament und Faust im Tornister.

Bismarck vertrug die Luft eines solchen Hauses nur, weil nichts Gemachtes darin war: man sang, trank Bowlen, las Shakespeare, aber man war sehr gläubig und betete. Hier findet er, was ihm „bis-

20

her fremd geblieben, ein Wohlsein, ein Familienleben, fast eine Heimat."

Drei Jahre lang hat das schöne Mädchen vergebens ihre Bekehrungskräfte an dem Freund versucht. Er lauschte ihr, denn er liebte sie, und gewiß wäre sie die Seine geworden, wenn sie frei war.

In den Disputen mit der Gläubigen war er aufgeregt, wurde zuweilen dunkelrot, konnte aber doch nicht fortkommen. Sie war heiter, nannte ihn den hinterpommerschen Phönix, spürte zwischen Wildheit und Arroganz den Kern. Doch sie vermochte nicht, ihn hinzureißen.

Da wird sie krank auf den Tod. Bismarck betet: sie solle leben! Doch sie stirbt. „Ohne Grübeleien", schrieb er bald darauf, „über die Vernünftigkeit des Gebetes riß sich das erste brünstige Gebet von meinem Herzen los. Gott hat mein Gebet nicht erhört, aber er hat es auch nicht verworfen, denn ich habe die Fähigkeit, ihn zu bitten, nicht wieder verloren, und fühle, wenn nicht Frieden, doch Vertrauen und Lebensmut in mir, wie ich sie sonst nicht mehr kannte."

Das riesige Temperament hat im Gefühl das erstemal ein Ventil gefunden, er liebt und betet.

Man darf sich Bismarck nicht als einen von den „Erweckten" vorstellen, deren es damals in Pommern viele gab. Seine Skepsis und sein Genie waren dazu viel zu groß. Auch hätte sonst vorher kein Wunsch danach in ihm leben, nachher keine Minderung eintreten können. Dennoch ist es nicht glaublich, daß dieser sich selbst ein Jahrzehnt durchspürende Charakter den entscheidenden Wert solchen Glaubens nicht vorher gewußt hätte, und hierfür gibt es in der Tat einen merkwürdigen Beweis: 20 Jahre später erinnert ihn sein Jugendfreund daran, daß er 1835 vorausgesagt hätte: „Konstitution unvermeidlich, auf diesem Wege zu äußeren Ehren, — außerdem muß man innerlich fromm sein." Man spürt den Wunsch, aber er wehrt sich.

Auch die andere Voraussetzung einer plötzlichen „Bekehrung" trifft nicht zu: es ist sehr kennzeichnend, daß bei ihm die Bekenntnisse des Glaubens mit den Jahrzehnten abnehmen zugunsten fatalistischer Äußerungen. Als 50jähriger spricht er in einem Privatbrief von dem „großen Entwicklungsprozeß, in welchem Moses, die christliche Offenbarung, die Reformation als Etappen erscheinen", faßt also die Offenbarung in einem historischen Sinn, den der Pietist verwirft.

Für Bismarck war der Glaube, den er so spät gewann, kein Dogma: er war der leuchtende Punkt, der ihm gefehlt, — so wie er mehr verblaßte, als sein Werk, der neue leuchtende Punkt, vor ihm auftauchte. Mit einem Schlage fühlt er sich erneut, gesammelt, reif. „Ich begreife nicht," schreibt er später, „wie ein Mensch, der über sich nachdenkt und doch von Gott nichts weiß oder wissen will, sein Leben vor Verachtung und Langeweile tragen kann, ein Leben, das dahinfährt wie ein Strom, wie ein Schlaf. Wir bringen unsere Jahre zu wie ein Geschwätz, ich weiß nicht, wie ich das früher ausgehalten habe. Sollte ich jetzt leben wie damals, ich wüßte doch in der Tat nicht, warum ich dies Leben nicht ablegen sollte wie ein schmutziges Hemd, und doch sind die meisten meiner Bekannten so und leben."

Und nun, auf diese gesunde und heitere Basis gestellt, wünscht er noch tiefer die Liebe und er findet sie. Er erwählt eine Freundin dieses Kreises, umwirbt und gewinnt Johanna von Puttkamer.

Der Name dieses Mädchens steht über allen Namen, die in Bismarcks Leben klingen. Nur sein König bedeutet ihm gleich viel. Was sie ihm als Gefährtin war durch fast fünfzig Jahre, ist hier noch nicht der Ort zu sagen. Als Braut ist sie ihm das Signum einer neu errungenen Welt, Verkörperung und Gewähr.

Nun erst kann seine auf das Sinnliche gestellte Natur jene Errungenschaft des Glaubens gleichsam körperlich greifen: Skepsis scheint verschwunden, Melancholie wird zum Schweigen gebracht, das Temperament spielt, er fühlt sich glücklich.

Sie ist nicht leicht umgänglich, zuweilen traurig, gedrückt vielleicht vom Pietismus ihres Elternhauses, doch wahrhaft fromm: vor allem aber ist sie im Gleichgewicht, selbstgewiß, unproblematisch. Dies ist es, was Bismarcks Seele überall unter Menschen suchte und schlürfte: dieses ihm fremde Klare.

Man kennt die wundervollen, stürmischen, zarten, werbenden, neckenden, erleichterten Briefe Bismarcks an die Braut. Sie wird überrannt. Ihr wird, sie weiß nicht wie. Seinen springenden Geist mißversteht sie zuweilen, dann muß er entschuldigen, aufklären. Vor allem warnt er sie vor Melancholie: wie tief muß er sie kennen. „Die todeselenden Gedichte fechten mich jetzt nicht mehr an, das war sonst,

als ich kalt und starr ins Nichts blickte, Schnee-
gestöber im Herzen."

Schilt er sie um ihren Trübsinn, so schickt er
ihr im selben Brief „als Erinnerung aus jener Zeit"
die sehnsuchtbewegten Verse von Lenau und
Byron. Schwärmt sie dann dafür, so nennt er sie
wieder im nächsten Brief „ein feiges Gedicht, dem
ich den Vers des Reiterliedes entgegenstelle: Und
setzet ihr nicht das Leben ein, so kann euch das
Leben gewonnen nicht sein!" Oder er sagt ihr: „Ich
kämpfe grundsätzlich (jetzt) gegen jede düstere
Ansicht der Zukunft, wenn ich ihrer auch nicht
immer Herr werde; ich bemühe mich zu hoffen,
ich will das Leiden nicht durch Furcht vorwegnehmen."

Das sind keine hellen Reiterfanfaren, keine naiv
kühnen Laute: man spürt, hier singt eine Stimme,
die sonst zu schweigen pflegte. Ganz anders sind
die Töne bald in den nächsten Jahren, immer voll
Angst um ihre Gesundheit, voll Halluzinationen.

Es ist die romantisch gehobene Stimmung, jetzt
wünscht er sich, Klavier spielen zu können: er
würde den ganzen Tag spielen. „Du hast die Kohle,
die unter Asche und Trümmer in mir glühte, neu
angefacht, sie soll dich in belebende Flammen
hüllen!"

Doch es ist die Braut nicht allein — er ist kein
„Verliebter" —, es ist das Symbol, was sie ihm
darstellt, Gewähr einer gesunden Welt auf einem
festen Punkt, dem Glauben stehend. „Es ist das
erstemal," schreibt er der Erkrankten, „daß ich
ernsthaft der Möglichkeit ins Auge sehe, daß du
mir genommen werden könntest. Ich würde zwar

24

in mir nicht leer an Trost sein wie in alten Zeiten; aber ich würde auch etwas verloren haben, was ich früher nicht kannte."

Dies ist Bismarck, der seiner schwarzen Katze Byrons Gedichte zum Spielen gibt, „wie einen rollenden Knäuel, und ich sehe sein Rollen gern."

RESIGNATION

Es ist eine hygienische Maßregel großer Köpfe, sich, sofern sie überdies ein unbezähmbares Temperament beherbergen, mit „engen Horizonten" zu umgeben. Goethe ist das Muster, nach dem seither mancher einem Übermaß der Spekulation sowie des Willens durch Ablenkung in umgrenzte Tätigkeit entgegenwirkte.

In solchem Sinne ist das Wort Resignation zu verstehen, im Sinne einer gelassenen und heiteren Zurücknahme außerordentlicher Möglichkeiten, mit etwas Wehmut, doch mit viel Männlichkeit.

Im Laufe eines einzigen Jahres hat Bismarck, nach 32 Jahren ohne Glaube, Liebe und Tat, sie alle drei gefunden. „Meine ganze Weltanschauung", schreibt er der Braut, „ist eine neue, und selbst Deich- und Polizeigeschäfte betreibe ich mit Heiterkeit und Teilnahme." Das ist die Wendung.

Als erste Arbeit im Provinziallandtag, in den er 30jährig als Gutsbesitzer eingetreten, hatte Bismarck den „übermäßigen Talgverbrauch im Armenhause" berechnen müssen. Aber als Kreisdeputierter, der er gleichzeitig wurde, hatte er den Landrat (seinen Bruder) manchmal vertreten, und das machte er gern und „ganz vorzüglich": er ist selbständig und kann sich bewegen, wenn auch im kleinsten Raum.

Nun aber findet er ein Feld, wo praktische Überlegung, persönlicher Mut, sachliche Entschlossenheit gefördert werden. Schon im Jahre 45 sah er, als das Elbwasser hochkam, wie der Damm zerriß, weil der Deichhauptmann unfähig war, wie das

Land unter Wasser stand und im nächsten Jahre, wie es noch schlimmer wurde. Nun setzt er die Absetzung des Untüchtigen durch, selbst ein zunächst Betroffener, und wird 32 jährig selbst Deichhauptmann.

„Heut vormittag", schreibt er der Braut, „hatte ich eine sonderliche Freude, indem ich zwischen 41 übermütigen Bauern, von denen jeder erbitterten Haß gegen die anderen Vierzig hegte, einen Vergleich zustande gebracht habe."

Sein Vorgänger hatte die Sache über vier Jahre verschleppt, Bismarck hat sie nach vier Stunden erledigt, und er freut sich über den „Augenblick, wo ich mit den Unterschriften in der Tasche wieder in den Wagen stieg. Es ist an und für sich kein Gegenstand, ob einige Bauern sich zanken oder Frieden halten; aber der Vorfall hat mir in bezug auf mich wieder gezeigt, daß wahre Freude an einem öffentlichen Amt nur da zu erwarten ist, wo man in einem Kreise wirkt, den man übersieht. Als Präsident oder Minister kommt man nicht mit Menschen, sondern nur mit Papier und Tinte in Berührung."

Er spürt selbst den Segen solcher männlichen Resignation. Frau und Kinder wünscht er sich nun, wie jeder in solcher weise gezogenen Grenze. Doch faßt er den Umkreis der Wirksamkeit mit realem Blick: er unterschreibt noch jetzt, nach acht Jahren jenen Brief über seinen Austritt aus dem Staatsdienst, „nur von der Täuschung des arkadischen Glückes eines eingefleischten Landwirtes mit doppelter Buchhaltung und chemischen Studien bin ich durch Erfahrung zurückgekommen."

Noch wetterleuchtet in ihm die Erinnerung vergangener Träume. Zum großen Landtag in Berlin würde er wohl nicht gewünscht werden, da er in Pommern ausgeschieden. „An und für sich würde ich der Farce sehr gern beiwohnen. Unter jetzigen Umständen (der Verlobung) ist es mir aber recht lieb, daß ich nicht brauche." „Sehr gern," — aber die „Farce". Macht einer seiner Studiengenossen eine „rasche Laufbahn, so denkt er wohl zuweilen, das hätte ich auch können". Und als er an einem Aprilabend zum Abschied alle Plätze seines Vatergutes besucht, das er nun verpachten muß, weil er so „verschwenderisch" war, wie er „vernünftig" hätte sein sollen, erschüttert ihn das Reuegefühl, das den Gereiften im Anblick von Fehlern nach außen überfällt, die auch unter einer neuen Einsicht sich nicht mehr bessern lassen:

„Auf der ganzen Gegend von Wiesengrün, Wasser und entlaubten Eichen lag eine weiche, traurige Stimmung, auf allen Plätzen, die mir lieb und auf denen ich oft träumerisch und schwermütig gewesen war. An der Stelle, wo ich ein neues Haus hätte bauen sollen, lag ein Pferdegerippe; noch im Knochenbau erkannte ich die Überreste meines treuen Caleb, der mich sieben Jahre lang froh und traurig, wild und träge auf seinem Rücken über manche Meile Weg getragen hat. Mein Leben rollte sich rückwärts vor mir auf, bis in die Tage zurück, wo ich als Kind auf dieser Stelle gespielt hatte. Der Regen rieselte leise durch die Büsche, und ich starrte lange in das matte Abendrot, bis zum Überlaufen voll Wehmut und Reue über die träge Gleichgültigkeit und die verblendete Genußsucht, in der ich alle reichen Gaben der Jugend, des Geistes, des Vermögens, der Gesundheit zweck- und erfolglos verschleudert."

Nun aber hat er die Gegenwart entdeckt und sucht sich einen kleinen Kreis, um ihn gewisser zu erschüttern. Er gewinnt die Überzeugung, „daß der Mensch sein Glück vergebens sucht, wenn er es außer sich sucht." Das ist das Programm eines Resignierten, der nicht von vornherein zu solcher Beschränkung geboren war. Und es paßt durchaus dazu, daß er sich jetzt jünger findet als damals, daß er in jener Zeit unendlich viel „blasierter" gewesen sein müsse als jetzt. Nun denkt er auf dem Lande zu leben und zu sterben, nachdem er Erfolge in der Landwirtschaft erreicht, den Strom in jedem Frühjahr neu gebändigt, auch im Kriege sich ausgezeichnet, wenn es einen gäbe.

Das ist Herr von Bismarck-Schönhausen, der, auf der bekannten Lithographie vom Jahre 47, plötzlich erneut erscheint: nach außen wieder gepflegt, in vornehmer Haltung, entschlossen, aus einem Sonderling ein Mann von Stand und Wirksamkeit zu werden, nach innen verschlossen wie einst, doch männlich, reif, — ein Mann nach den Erschütterungen der Jugend. Der Nihilismus ist überwunden, das blaue Auge, wie ein damaliger Bericht sagt, „steht etwas vor, à fleur de tête": es faßt ein Ziel. Dieser Mann, fußend auf einem Glauben, der ihm ein Zentrum gibt, hingegeben der Aussicht auf den Frieden einer ehelichen Gemeinschaft, mit Heiterkeit und Teilnahme dem engeren Ge-

schäft vertraut: so reicht er der verachteten
Realität die Hand, nachdem er gelernt hat, hinter
sie zu blicken. Er weiß, das ist der Schleier der
Maja.

In diesem Augenblick geschieht das Außerordentliche: die Welt verlangt nach dem Genie.

Durch zwei Reden im Berliner Landtag, in den
er vertretungsweise berufen wird, zieht der politisch unbekannte Mann soviel Aufmerksamkeit
auf sich, dort regt ihn soviel an in wenig Wochen,
daß ihn die Politik von nun an ohne Pause bis zum
Tode umfaßt hält, daß er schon nach vier Jahren als
Autodidakt Gesandter wird, — daß ihm, dem große
Ziele von je gemangelt, nach einem weiteren Jahrzehnt die Macht zufällt, ein Werk zu wirken, das
an Format der Weite seines Genius genügt.

Aber im selben Augenblick, da diese seine äußere
Entwicklung anhebt, ist die innere zu Ende. Die
Geschichte seiner Seele schließt genau in dem
Lebensjahr, in dem die Geschichte seines Wirkens
beginnt. Sein Wesen bleibt von nun an unver-
wandelt, sogar an großen Enttäuschungen und
Entzückungen liegen nur noch ganz wenige
vor ihm.

Die psychische Analyse des 32jährigen gleicht
der des Greises.

STRUKTUR DES MANNES

Aristokrat

Niemals ist das Genie aus dem Milieu erklärbar, aus dem es hervorgeht. Denn es wird nicht von Qualitäten bestimmt, die man erben oder ausbilden, sondern von deren Übertreibung, die man weder erben noch ausbilden kann.

Die normale Kraft dieser Eigenschaften ruhte zuweilen auch in Eltern und Geschlechtern, ihre normale Ausbildung kann Tradition des Standes sein. Bismarck hat drei große Eigenschaften seiner Rasse übertrieben.

Er war ein Edelmann.

Als er gefürstet wurde, waren es grade 600 Jahre, daß der Name seines Hauses zum erstenmal als Patrizier genannt wurde. Und Friedrich Wilhelm empfiehlt ihn an den Wiener Hof in einem Handschreiben als einem Rittergeschlecht angehörig, das länger als die Hohenzollern in den Brandenburgischen Marken ansässig sei.

Er hatte den Ahnenstolz des Edelmannes. Seiner Braut berichtet er von jenen Vätern, die alle diese Zimmer zu Schönhausen bewohnt, in einem Tone zwischen Stolz und Lächeln: vom eisenklirrenden Ritter bis auf den zwickelbärtigen Kavalier, von den Trägern riesiger Allongeperücken, die mit talons rouges auf diesen Dielen einherstolzierten, und dem bezopften Reiter, der in Friedrichs

Schlachten blieb, „bis auf den verweichlichten Sprossen, der jetzt einem schwarzhaarigen Mädchen zu Füßen liegt."

Sein Wappen schützt er, immer die Hand am Degen. Als, schon im Jahre 49, der Kladderadatsch einmal ironisch fragt: „Wo war doch 1809 ein gewisser Herr von Bismarck?", schreibt er der Redaktion, er freue sich, die Frage beantworten zu können: damals habe ein Herr von Bismarck ein Kürassier-Regiment kommandiert, ein anderer sei Major, zwei seien Schillsche Offiziere gewesen. „Weniger Wert für Ew. Hochwohlgeboren hat vielleicht die Notiz, daß von den sieben Mitgliedern meiner engeren (Schönhausener) Familie, welchen es vergönnt war, an dem Französischen Kriege teilzunehmen, drei auf dem Schlachtfeld blieben und die vier anderen mit dem Eisernen Kreuz heimkehrten." Er selbst ließe sich gern verspotten, wer aber seine Familie angriffe, von dem würde er die Genugtuung fordern, die kein Gentleman einem anderen verweigern könne.

Selbst seinem Königshaus kann er es nicht vergeben, daß es seinen Vorfahren vor 300 Jahren aus Jagdneid einen großen Wald „abgedrückt" hätte, noch dazu durch Rechtsverletzung. „Wenn ich jetzt mit dem König in Letzlingen jage, so ist es der alte Wald unserer Familie."

Als er ein dänisches Großkreuz bekommt, für das man eine Devise nennen muß, wählt er „In trinitate robur" und erklärt das privatim nicht mit der Dreieinigkeit, vielmehr mit dem Dreiblatt Eiche, dem alten Wappenbild der Herren von Bismarck. Noch als er Fürst wird, bleibt er,

34

manch ehrenvollem Vorschlag des Kaisers aus-
weichend, bei dieser Trinitat. —

Er hat die Haltung des Edelmannes.

Als er das erstemal auf der Tribüne steht, erscheint er, einer damaligen Zeitschrift zufolge, als
eine „prächtige, muskulöse, echt ritterliche Gestalt, der man in jedem Zuge die Bravour und
doch auch die Feinheit des auf dem Lande er-
zogenen Aristokraten ansieht.“

Diese Haltung ändert sich je nach der Lage, ob
er seine Stellung vertreten, ob er Übergeordneten,
Beamten, Knechten begegnen soll. Dieser Verächter des Prunkes ist entschlossen, in Frankfurt
„den ganzen Handel aufzukündigen“, wenn man
ihm nichts zulegt, weil er erwägt, wie elegant er
als Gesandter aufzutreten hat. Seine Frau, die er
durchaus nicht als Diplomatenfrau denken mag
(darüber wird sein Witz nicht müde), läßt er
Französisch treiben, weil dort die Gesellschaft
französisch spricht. Und die „langweiligen, aber
höflichen“ Debatten im dortigen Bundespalais
zieht er dem takt- und formlosen Berliner Gezänke
vor. Auf seinem Gut lieben ihn die Leute, weil er
als Edelmann mit ihnen umzugehen weiß und nur
sehr ungern seine Leute entlassen mag, mit denen
er, wie sein Jugendfreund bezeugt, „in einem
Verhältnis voll überlieferter Treue lebt.“

Diese Haltung entspringt seinem Körpergefühl,
das wieder jene Haltung mit erklärt. Man sieht
ihn stehen, wenn man die Großherzogin von Darm-
stadt ihre Abneigung begründen hört: „Er steht
immer da und sieht so aus, als ob er soviel wie der
Großherzog wäre.“ Er weiß um seinen pracht-

vollen Körper, der Grundbedingung seines Auftritts und Wirkens ist, und errötet über die Negligeanten. Beim gemeinsamen Baden in Ostende meint er: „Nur das Bewußtsein tadelloser Körperformen kann unser einem die Dreistigkeit geben, sich so vor der ganzen Damenwelt zu produzieren, und obschon mir dieses Bewußtsein in hohem Grade innewohnt, ziehe ich doch das Herrenbad vor." —

Er hat das Ehrgefühl des Edelmannes.

Es ist durchaus wörtlich zu verstehen, wenn er sagt, seine Ehre identifiziere sich vollständig mit der des Landes. Darauf ruht er. In jener Juninacht 66, als die Truppen schon marschieren, in einen Krieg, den er allein gegen den Willen aller Faktoren gemacht hat, sagt er zum englischen Botschafter: „Es wird ein blutiger Kampf sein. Wenn wir geschlagen werden, kehre ich nicht zurück. Ich werde beim letzten Angriff fallen. Man kann nur einmal sterben, und es ist besser zu sterben als geschlagen zu werden." Dies ist ein Wort des Ministers, nicht des Soldaten.

Überhaupt ist dies aristokratische Ehrgefühl oft größer in ihm als das soldatische und selbst als sein Royalismus. Leidenschaftlich erhebt er im Jahre 48 den Vorwurf gegen den König, er habe die Truppen unter den Steinwürfen des Pöbels ohne Feuer abzuziehen gezwungen. Ja, er rät den Generalen Insurrektion, den Kadavergehorsam gegen den obersten Kriegsherrn mißachtend.

Während der damaligen Anrede des Königs an seine Offiziere im Potsdamer Marmorsaal gerät er in einen Strudel der Gefühle. Als der König versichert, nie sei er sicherer gewesen als im Schutze seiner Bürger, erhebt sich ein Murren und Aufstoßen von Säbelscheiden. Bismarck ist Edelmann und fühlt die verletzte Ehre mit, aber er ist Royalist und kann diese Opposition nicht billigen: so fügt er nach einem Menschenalter in seinen Memoiren dem Bericht hinzu: „ein Murren, wie es ein König von Preußen inmitten seiner Offiziere nie gehört haben wird und hoffentlich nie wieder hören wird. Mit verwundetem Gefühl kehrte ich nach Schönhausen zurück."

So verwundet ist sein Ehrgefühl bei Nobilings Attentat auf den Kaiser, weil dieser mit Schrot „wie auf ein Stück niederen Wildes geschossen hat. Wenn es nur eine ehrliche Kugel gewesen wäre!" (Was auch allein den alten Herrn empörte, der sonst geduldig von seinem Aderlaß sprach.)

Sogar das von ihm tief verachtete Parlament bringt dieses Ehrgefühl in solche Hitze, daß er zweimal die Gegner fordert. Und seine Haltung als Edelmann bei seiner Forderung Virchows ist ihm so wichtig, daß er noch nach 30 Jahren bei Zusammenstellung der nach seinem Tode zu veröffentlichenden Briefe allein achtzehn über diese Sache auswählt, den 20. Teil aller überhaupt gewählten Briefe, die über vierzig Jahre reichen, während jene alle in drei Tagen geschrieben sind.

Als man ihm später rät, wie in anderen Ländern gegen Kammerfeinde dickfelliger zu werden, sagt er als alter Mann dem Parlament: „Ich muß gestehen, ich ziehe den Staat vor, wo die Minister sich noch ein feines Gefühl, eine Entrüstung, wenn sie beleidigt sind, wo die Minister sich noch

37

die Möglichkeit zu erröten bewahrt haben." —
Er hat den Stolz des Edelmannes.

„Ich vertrage es schwer, beim Zusammensein
mit meinesgleichen in irgendeiner Beziehung
hinter jemand zurückzustehen." Mit meinesgleichen, — das ist nicht Ehrgeiz. In Frankfurt
bäumt sich sein Stolz auf gegen die überhebliche
Präsidialstellung Österreichs. Da sind es nicht bloß
die trotzigen Geschichten vom Überrock und von
der Zigarre — die mehr als originelle Reaktionen
eines Frondeurs zu bezeichnen und eben darum
so populär sind —, es ist auch die Folge dieser persönlichen Demütigungen, die er wie Schläge
gegen den König und das Land fühlt, daß er jenen
völligen Frontwechsel vollzieht: er wird dort anti-
österreichisch aus Passion. Daß er dann in Wien
wegen dieses Auftretens persona ingrata zu sein
fürchtet, hält er nicht aus, und er verhindert den
König, ihn dort dauernd zu beglaubigen.

Aus seinem Stolz fließt sein „odi profanum
volgus". Nicht umsonst liebt er Coriolan, und er
zitiert ihn im Jahre 49, bebend vor Abscheu bei
den „erbärmlichen Wahlbemühungen" in Brandenburg.

Dies edelmännische, tief ererbte Ehrgefühl macht
ihn zum Feind aller Massen. Dieser Verächter der
Äußerlichkeiten, der sich stets nur „Bismarck"
unterschreibt, ändert mit Bewußtsein diese Unterschrift und zeichnet „v. Bismarck" von dem Tage
an, an dem die Demokraten die Abschaffung des
Adels fordern. Ja, er wirft in solchen Wallungen
die ihm auch im Gefühl vertrauten prinzipiellen
Unterschiede bürgerlicher und sozialistischer Par-

teien durcheinander und schreibt während einer Kommissionssitzung: „Die Linke zankt sich vor unsern Augen höchst leidenschaftlich untereinander über das Wahlgesetz. Bourgeois und Proletarier, laß sie zanken!"

Diesem aristokratischen Haß gegen die Massen, der ihn im Anblick der Märzkämpfe überkommt, entspricht sein Royalismus. Im Jahre 49 geht er in den Friedrichshain und „kann nicht einmal den Toten verzeihen. Wohl sage ich mir, wir sterben alle in Sünden, aber mein Herz schwillt vor Gift, wenn ich sehe, was sie aus meinem Vaterlande gemacht haben, diese Mörder, mit deren Gräbern der Berliner noch heute Götzendienst treibt."

Daher endlich sein Abscheu gegen jede Popularität, seine Verachtung der „öffentlichen Dummheit." —

Er hat den Mut des Edelmanns.

Das ist nicht nur Soldatenmut in Schlachten, es ist, was er selbst „Civilcourage" nannte. Man weiß, wie er ihn voll bewies, als er in den Jahren des Konfliktes der bestgehaßte Mann von Deutschland war, dem Straffords Ausgang prophezeit werden durfte. Doch hat er ihn auch in höchst persönlicher Weise dargetan. Es ist der Mut, mit dem er als Jüngling einem Knecht, als Mann sich selbst das Leben rettete. Denn als Blind Unter den Linden auf ihn aus nächster Nähe schießt, im Jahre 66, packt er nach dem ersten Schusse mit der Linken den rechten Arm des Attentäters und drückt mit der Rechten seine Kehle zu, die Gurgel pressend. Dieser, geistesgegenwärtig, nimmt den Revolver in die Linke und feuert noch zweimal.

Aber der Feind, obwohl waffenlos, läßt seine Gurgel nicht los, springt nicht zur Seite. „Beim letzten Schuß ging ihm infolge meiner Umklammerung seines Halses — denn ich ließ nicht locker und drückte fest zu — die Luft aus und der Revolver entfiel ihm." Ohne diesen persönlichen Mut war er verloren, um so gewisser, als schon die beiden letzten Schüsse, auf Meterdistanz gefeuert, getroffen hatten.

Diese Dinge sind in ihm nicht Überzeugungen, Übungen oder Dogmen: sie funktionieren automatisch. Als er im Jahre 71 in Paris einreitet, wird er allgemein erkannt. An einen Menschen, der ihm ein besonders finsteres Gesicht macht, so erzählt er am Abend, reitet er „infolgedessen" heran und läßt sich von ihm Feuer geben; was der so völlig entwaffnete Mißvergnügte suggestiv tut.

Darum haßt er die Zivilfeigheit bei anderen, die Anonymität öffentlicher Verleumdungen von hinten, oder den beschimpfenden Zwischenruf im Parlament und fordert von der Tribüne den Rufer heraus, sich zu nennen. —

Aber er ist nicht nur Edelmann, er ist auch Gentleman.

Diesen unübersetzbaren Begriff, der mehr und zugleich weniger umfaßt, liebt er besonders und bekennt sich so völlig zu ihm, daß er, schon Gesandter, seiner Schwester schreibt: „Wenn ich die Rollen des Gentleman und des Diplomaten nicht mehr miteinander verträglich finde, so wird mich das Vergnügen oder die Last, ein hohes Gehalt mit Anstand zu depensieren, keine Minute in der Wahl beirren."

Dies ist einer der Gründe (man findet andere weiter unten), warum er sich sträubt, Minister zu werden. „Als Gesandter hatte ich", so schreibt er dem Freunde Motley, „obschon Beamter, doch das Gefühl, ein Gentleman zu sein. Als Minister ist man Helot." Und in Paris bekommt er, im Jahre 64, „die größte Lust hier zu wohnen. Es ist doch ein Sträflingsleben, was ich in Berlin führe."

Wie anders als die Handlung eines Gentleman kann man jenen Beweis vornehmsten Taktes nennen, als er in Frankfurt dem Grafen Rechberg, der ihm statt einer Depesche mit preußenfreundlicher Instruktion versehentlich eine feindliche zeigt, diese mit dem Bemerken zurückreicht: „Hier ist wohl ein Irrtum vorgefallen." Rechberg wird blaß. „Beruhigen Sie sich," sagt Bismarck, „Sie haben mir den Brief nicht geben wollen, also haben Sie ihn mir nicht gegeben, also ist mir der Inhalt völlig unbekannt." Er hat diesen Inhalt nicht nach Berlin berichtet, aber er hat Rechbergs Vertrauen gewonnen.

Und wie sollte man anders die Noblesse bezeichnen, mit der er den ihm im März 48 von der damaligen Prinzessin von Preußen persönlich und später von Vincke formell mitgeteilten Plan verschwieg, der König solle zur Abdankung genötigt, sein unbeliebter Bruder Prinz Wilhelm übergangen, der Sohn zum König eingesetzt und sie selbst bis zur Großjährigkeit Regentin werden. Er hatte für diese Pläne, für deren Realisierung er wirken sollte, nur die Antwort an Vincke, er würde ein Gerichtsverfahren wegen Hochverrats durchsetzen. Später lebt er 25 Jahre in nahezu täglichem Verkehr mit dem Könige, verschweigt aber jenes Ansinnen, das dessen Gemahlin an ihn gerichtet hatte, verschweigt es in den Zeiten des Konfliktes, des österreichischen Krieges, des Kulturkampfes, „wo ich in der Königin Augusta den Gegner erkennen mußte, welcher meine Fähigkeit, zu vertreten, was ich für meine Pflicht hielt, und meine Nerven auf die schwerste Probe im Leben gestellt hat."

„Noble, noble Cassius!"

Soldat

Bei Königgrätz, auf dem Roskos-Hügel, hielt Bismarck nahe dem König und den Generalen, auf seinem riesigen Fuchs. „Wie er im grauen Mantel hoch aufgerichtet dasaß und die großen Augen unter dem Stahlhelm glänzten, gab er ein wunderbares Bild, das mich an kindliche Vorstellungen von Riesen aus der nordischen Urzeit erinnerte." So hat ihn Keudell, der Staatsmann und Künstler, gesehen. Ähnlich erschien er der Menge. Es ist kein Zufall, daß die erste der zahllosen Karikaturen, in die der Kladderadatsch seine Erscheinung zuspitzte, ihn in Panzer und Schuppen kleidet.

Die Tradition war groß. Seine Ahnen waren nicht nur in allen Generationen Militärs, sie waren auch seit 300 Jahren alle Kämpfer in Kriegen gegen Frankreich gewesen

Als junger Mann kommt er einmal nach Treptow und dient dort „zu seinem Vergnügen" als

Landwehrleutnant bei den Ulanen. In den Märztagen 48 bildet er aus seinen Bauern eine kleine Garde, zählt die im Dorf und Gutshaus vorhandenen Jagdgewehre, läßt durch reitende Boten Pulver holen und ist im Begriff, dem Könige nach Berlin zu Hilfe zu eilen.

Bismarck wäre Soldat geworden, hätte die Mutter nicht einen Staatsbeamten zum Sohne haben wollen. Sein ganzes Leben verstummt die Klage nicht in seinem Munde, daß er lieber vor der Front als hinter dem Schreibtisch lebte. „Auch heute," schreibt er als alter Mann, „nachdem Eure Majestät mich zu den höchsten staatsmännischen Ehren erhoben hat, vermag ich das Bedauern, ähnliche Stufen nicht als Soldat erstritten zu haben, nicht ganz zu unterdrücken. Ich wäre vielleicht ein unbrauchbarer General geworden, aber nach meiner Neigung hätte ich lieber Schlachten für Eure Majestät gewonnen."

Der 50jährige macht aus Passion Manöver mit, jagt den halben Tag „wie unsinnig über Stock und Block" und hat dann „lange Zeit keinen so behaglichen Tag erlebt. Morgen muß ich leider wieder in die Tretmühle."

Dies ist nicht bloß Körperfreude, es ist Rasseninstinkt. Er liebt das Soldatische. „Unsere Leute sind zum Küssen," schreibt er aus dem Kriege seiner Frau, „jeder so todesmutig, ruhig, folgsam, gesittet, mit leerem Magen, nassen Kleidern, kein Plündern und Sengen, bezahlen wie sie können und essen verschimmeltes Brot." Sie lieben ihn dafür, sie verstehen ihn „besser als diese Kammeramphibien, weil sie warmes Soldatenblut im Leibe haben."

In Versailles bringt ihm ein Unteroffizier in strammer Haltung ein Bukett, das die Schlesier im Feuer der französischen Vorposten für ihn gepflückt haben. Er schickt seiner Frau ein paar Blätter und schreibt, wie tief ihn das freut.

Zur selben Zeit wird er von dem rivalisierenden Generalstab derart boykottiert, daß er wichtige Beschlüsse durch Zeitungskorrespondenten erfahren muß, die sie vor ihm wissen. Er selbst nennt eine Äußerung des Königs als Grund für diese Rivalität, die freilich in gewissen Kriegsratssitzungen vom Jahre 66 ihre Bestätigung findet: sie ärgerten sich, daß er es mitunter besser wußte. Aber gerade weil er so sehr Soldat ist, kränkt ihn die Nichtachtung des Generalstabs so tief, daß er noch in seinen Memoiren von den durch militärische Eifersucht hervorgerufenen Kämpfen sagt, sie seien seinem Gemüt peinlicher gewesen als die meisten anderen.

Dabei spielt er dem Stab gegenüber nie den Kenner. Einen Zettel, den er unter vielen anderen während des Dänischen Krieges an Roon schickte, und der einen überaus klugen, sachlichen Vorschlag enthält, der in der Folge ausgeführt wurde, schließt er mit den Worten: „Verzeihen Sie mir diese Majorsbetrachtungen."

Nur weil Bismarck Zivilist und Soldat war, war er der Mann, zwischen dem soldatischen König mit seinen Armeeplänen und den zivilistischen „Gehröcken" im Parlament schließlich zu vermitteln. Das wußte Roon, als er in den König drang, ihn an die erste Stelle zu berufen.

Darüber hinaus muß man aber betonen, daß

44

nur durch seine soldatischen Instinkte es ihm überhaupt möglich war, in so schweren Zeiten mit einem König auszukommen, der alles vom Offiziersstandpunkt nahm. Der tiefe Zusammenhang zwischen Bismarcks soldatischem, royalistischem und Glaubensgefühl ließ ihn auch seine Stellung militärisch empfinden. Immer wieder sagte er, es wäre eine Feigheit von ihm, jetzt zurückzutreten, feige, den Gesandtschaftsposten abzulehnen, er könne nicht fahnenflüchtig werden u. dgl. Für den Prinzen von Hohenzollern nimmt es ihn besonders ein, daß er seine Wahl zum Spanischen König auf dienstlichem Wege seinem Kommandeur anzeigt. Und es ist keine Phrase, wenn er nach dem Kissinger Attentat dem Könige für seine Teilnahme dankend schreibt: „Bei meiner Ernennung zum General sagte Eure Majestät ein huldreiches Wort, welches mein innerstes Gefühl wiedergab, nämlich daß ich Eurer Majestät auch als Minister im Sinne des Soldaten diente," und wenn er dann seine Verwundung eine Wunde im Dienst nennt.

Beide schätzen gegenseitig ihr Soldatengefühl. Am Sedantage 84 schickt der König dem Kanzler den Soldatenorden Pour le Mérite, den viele Bismarcks vor ihm getragen, weil er in ihm „das Herz und den Sinn eines Soldaten weiß". Bismarck andererseits, der einzige, der im Jahre 66 den Mut hat, den König dringend aufzufordern, sich aus dem Granatregen zurückzuziehen, fügt, dies berichtend, an: „Es ist mir aber doch lieber so, als wenn er die Vorsicht übertriebe."

Soldatenehre ist ihm Dogma, und er geht darin

zuweilen weiter als die Generale. Dieser Realist, dieser allein verantwortliche Mann schreibt im Jahre 64 an Roon, mit Bezug auf eine preußische Maßregel in Schleswig: „Schiffe in Waffenruhe nach dem Kampfplatz zu schaffen, halte ich nicht für ehrlichen Krieg." Und er schäumt über die französischen Kommandanten, die in den Provinzen kapituliert hätten: man sollte sie in der Seine ersäufen. Er haßt die Franctireurs: „Gefangene?" ruft er in Versailles, als von einem heimtückischen Anschlag die Rede ist. „Daß sie noch immer Gefangene machen! Sie hätten sie der Reihe nach füsilieren sollen!" Das Raubzeug, die Turkos, sollten abgeschossen werden.

Dies ist Bismarck, der zur Weihnacht 70 seinen Söhnen schöne Säbelklingen schenken läßt als Symbol des Jahres, aber so, daß er im Auftrag hinzufügt: „Wenn ich sage ‚Klinge‘, so meine ich Säbel mit Scheide in der zulässigen Form, — aber der Wert muß in der Klinge liegen."

Royalist

Das merkwürdigste an Bismarcks Erscheinung ist dies: daß dieser stolze, selbstbewußte, empfindliche Mann, der seine Überlegenheit in einer Kette von Erfolgen vor seinen Augen bestätigt sah, dieser Autokrat im Alter, dieser mit allen Leidenschaften der Starken Geadelte stets Diener blieb, mit Stolz sich einen Diener nannte, — nicht eine Stunde von dem Gedanken besessen, es gäbe eine Möglichkeit, selbst Herr zu sein

46

Und wieder fragt man sich: Wie war es möglich, daß dieser Verwegene drei große Jahrzehnte lang der spiritus der Hohenzollern blieb, nicht etwa eines abenteuernden Fürstenhauses, wie sie in großer Zeit Italien erschütterten, nein, dieser Hohenzollern, deren größte Tugend in ihren edelsten Vertretern Treue war und nicht Verwegenheit?

Bismarck selbst antwortet: „Nehmen Sie mir meinen Glauben und Sie nehmen mir meinen König. Denn warum, wenn es nicht Gottes Gebot ist, soll ich mich sonst diesen Hohenzollern unterordnen? Es ist eine schwäbische Familie und nicht besser als die meine."

Das ist nur zur Hälfte richtig.

Denn in Wahrheit war sein Royalismus immer da, der Glaube erst seit Anfang seiner dreißiger Jahre. Als Folge seines Glaubens konnte er den Royalismus wohl in umfassender Machtstellung (er sprach jene Worte in Versailles) darstellen, und sein eigenwilliger Geist brauchte eine systematische Erklärung. Aber auch so bleibt die Empfindung, daß es ein auf den Namen Gottes abgewandelter Fatalismus ist, kein Christentum, woraus er jene Unterordnung unter den König herleitet. Die Zusammenhänge jener beiden Glaubenspole zu deuten, ist später Gelegenheit. Hier muß sein Royalismus als das dargestellt werden, was er im tiefsten war: als Rasseninstinkt, Erbteil von Jahrhunderten, angeborenes Dogma.

Wie wäre sonst die Tatsache erklärbar, daß der 17—30jährige, der glaubenslose Bismarck, zwar viel über die Republik nachgedacht, sich aber nie auch nur theoretisch königsfeindlich oder nur königsfremd erwiesen? Warum fehlte sonst dies Argument in seinen Gründen, den Staatsdienst zu verlassen, in denen doch nur von der selbständigen Stellung eines Mirabeau die Rede war?

Endlich ist die besondere Spezies Royalist, die er vertritt, undeutbar als Folge eines spät erworbenen Glaubens, sie ist vielmehr das Signum einer Rassenqualität: er nennt sich einen Lehnsmann, spricht von seiner „Treue als eingeborener Dienstmann des Brandenburgischen Herrscherhauses", und als ihn bei der Übernahme des Ministeriums der König fragt, welche Bedingungen er in so schwerer Zeit stelle, erwidert er: „Gar keine. Ich fühle wie ein kurbrandenburgischer Vasall, der seinen Lehnsherrn in Gefahr sieht."

So spricht kein Mann, der 30 Jahre Republikaner oder Frondeur gewesen. So spricht der Nachfahre Jahrhunderte wirkender Traditionen des Blutes.

Dies Lehnsgefühl ist es, das ihn kurz vor Ausbruch des Krieges im Jahre 66 dem kritischen Kronprinzen antworten läßt: „Was liegt daran, ob ich gehängt werde. Wenn nur der Henkerstrick Ihren Thron fest mit dem neuen Deutschland verknüpft!"

Der Kampf um das Königtum hat ihn zuerst auf den Plan gerufen, seine erste politische Rede ist eine persönlich royalistische. Anderthalb Jahrzehnte später treibt ihn derselbe Kampf als Führer auf die Bresche.

Freilich mußte ein so selbständiger Charakter besondere Nötigungen und persönliche Sympathie fühlen, sollte er sich ganz und gar nur dem Könige hingeben. Friedrich Wilhelm hat er sich zehn Jahre lang entzogen, weil weder Gefahr noch Neigung ihn aufrief. In den Märztagen beschwört er den König, den er kaum kennt, in einem fast unleserlichen, schnell geschriebenen Brief energisch zu handeln. Das tut der König nicht, aber er behält den Brief den ganzen Sommer über als „erstes Zeichen der Anhänglichkeit" auf seinem Schreibtisch. Als er Bismarck einige Monate später zu sich ruft, ist dieser so erbittert, daß er sagen läßt, er könne nicht kommen, seine Frau sei unwohl und erwarte ihn. Sogleich kommt ein Adjutant, lädt ihn zur Tafel und stellt einen Feldjäger zur Benachrichtigung seiner Frau. Er geht, in trotziger Stimmung: aus Royalismus zürnt er dem König. Es wäre ihm „ganz recht gewesen, ungnädig fortgeschickt zu werden."

Alle Wahrheiten sagt er dem König ins Gesicht, der ihn gewinnen will, die Königin, nach der Tafel aus einem Boskett lauschend, tritt vor: „Wie können Sie so zu Ihrem König sprechen?" — „Laß ihn nur, Elise, ich werde schon allein mit ihm fertig werden." Der Junker tadelt jenen Befehl zum Rückzug am 19. März. Wieder ruft die Königin dazwischen: dafür sei der König nicht verantwortlich, er habe damals drei Nächte nicht geschlafen. Da antwortet Bismarck: „Ein König muß schlafen!"

Dies ist die erste Unterredung Bismarcks mit einem preußischen Könige. Alle Symptome sind darin enthalten: Der König bewirbt sich um ihn. Er tadelt entschlossen halbe Maßregeln. Die gekrönte Feindin horcht im Boskett. — Gleichzeitig aber warnt er seine Braut: „Sprich nicht geringschätzig vom Könige, wir wollen nicht anders von ihm reden als von unsern Eltern, auch wenn er irrt und fehlt, denn wir haben seinem Fleisch und Blut Treue und Huldigung geschworen."

Friedrich Wilhelm entwaffnet ihn durch sein Werben. Bismarck wird sein Berater, sein Freund, doch nicht sein Minister. Der Autodidakt, der vor vier Jahren ein völlig unpolitischer Landjunker war, wird Gesandter auf dem seinerzeit wichtigsten diplomatischen Posten Preußens. Alle Augenblicke ruft ihn der König nach Berlin. Wird er mit seinem Ministerpräsidenten nicht fertig, muß Bismarck kommen. Nach zwei weiteren Jahren schreibt ihm der König nicht anders als „Teuerster Bismarck", „Bester Bismarck." Ihm zeigt er vertraulichste Briefe seines Bruders, mit dem er in Streit liegt, ihn bittet er, den Streit zu schlichten. In kritischer Zeit steigert er seinen Wunsch, ihn zum Minister zu machen, in die Worte: „Und wenn Sie sich an der Erde winden, Sie müssen Minister werden!" Bismarck weicht aus, weil er unselbständig bliebe, weil nicht die innere Nötigung besteht. Lehnsmann ist er, aber freier Edelmann.

Nach dem Thronwechsel steht er auf der ersten Liste. Aber der neue König mag ihn nicht wählen.

Man kann in Bismarcks Leben beobachten, wie überall seine ersten Versuche fehlschlagen. Vielleicht ist es dieses gewittrige, mit Machtgefühl und Ideen erfüllte, noch unentfaltete Temperament, das sich stets zuerst an der Welt stößt. Er macht zwei vergebliche Anläufe zum Staatsdienst, um dann beim dritten der erste Staatsmann des Jahrhunderts zu werden. Er will eine Gefährtin und trennt zwei Verlobungen, um dann den Grund zu einer idealen Ehe zu legen. Er trifft mit dem König seines Schicksals zusammen, aber erst nach langen Schwierigkeiten erobert er ihn.

Ihre erste Begegnung ist auf einem Hofball, wo Bismarck, 19jährig, neben einem Kollegen steht, beide in Referendarien-Uniform, beide Riesen. Prinz Wilhelm spricht ihn an, mit einem Scherz über diese Größe beginnend. Dergleichen imponiert dem Soldaten, so fängt es an.

14 Jahre später kehrt der Prinz aus England zurück, wohin er geflüchtet war, erkennt Bismarck auf dem Bahnhof, bahnt sich durch dichte Reihen einen Weg, reicht ihm die Hand und sagt: „Ich weiß, daß Sie für mich tätig gewesen sind, und werde Ihnen das nie vergessen." Er hatte im Frühjahr 48 für den König, für den Prinzen, für das ganze Haus gewirkt. Doch weiß der Prinz nichts von dem Anschlag gegen ihn, den Augusta dem Junker unterbreitet.

Bald darauf lädt er ihn nach Babelsberg. Bismarck, bestrebt, die Königsmacht zu ihrem Selbstbewußtsein zurückzuführen, ist hart genug, dem Prinzen ein Lied vorzulesen, das aus der Stimmung der Truppen auf jenem unheilvollen Rückzug stammt und den König am Schlusse apostrophiert:

„Wir sehen nicht mehr gerne
Nach dem gefallenen Sterne.
Was du hier tatest, Fürst, wird dich gereun:
So treu wird keiner wie die Preußen sein!"

„Der Prinz", schreibt Bismarck, „brach darauf in heftiges Weinen aus."

Doch Bismarck ist ihm unheimlich. Er kennt seine Urteilskraft, denn im Jahre 54 bittet er ihn schriftlich um sein Programm: „wie nun Preußens Politik sein müsse." Aber er scheut ihn. Als er Regent wird, versetzt er ihn nach Petersburg, ehrenvoll durchaus, aber doch eine Entfernung vom Mittelpunkt der preußischen Diplomatie, ein „Kaltstellen."

Roon bemüht sich mehrere Jahre lang, Bismarck an die Spitze zu bringen: der Regent und spätere König zögert, während ihn das Genie magnetisch anzieht. Noch als er ihn beruft, weil niemand mehr den Mut hat, Minister zu sein, äußert er einen „innerlichen Widerwillen." Zu Roon sagt er: „Er wird es nicht annehmen, er ist auch nicht da." Roon zaubert ihn herbei mit den berühmten Depeschen „Die Birne ist reif" — und „periculum in mora, depechez-vous." Der König spürt, daß er hier einen Mann beruft, wie es noch kein Hohenzoller wagte.

Am 22. September 62 zeigt der König Bismarck in Babelsberg seine Abdankungsurkunde, sie liegt vor ihm auf dem Tisch. Als der neue Mann die Leitung der Staatsgeschäfte zu übernehmen zusagt, sagt der König: „Dann abdiziere ich nicht." Denn dann sei es seine Pflicht, mit Bismarcks Hilfe die Weiterführung des Kampfes zu versuchen. Bismarck: „In dieser Lage werde ich, selbst wenn Eure Majestät mir Dinge befehlen sollten, die ich nicht für richtig halte, Ihnen zwar diese meine Meinung offen entwickeln, aber wenn Sie auf der

52

Ihrigen schließlich beharren, lieber mit dem Könige untergehen, als Eure Majestät im Kampfe mit der Parlamentsherrschaft im Stiche lassen."

Wilhelm zerreißt darauf sein eigenes, acht Folioseiten füllendes Programm. Dieser Augenblick ist symbolisch in doppeltem Sinn: Der König beginnt mit Bewußtsein eine völlig neue Epoche, und: der König läßt von nun an seinen Minister vorschlagen.

Im selben Augenblick beginnt die große Treue dieses Königs zu wirken, — man möchte mit den Juristen sagen: zu verjähren.

Durch dreierlei wird Bismarcks Lehnsgefühl auf die Spitze getrieben.

Erstens: Der König ist fast zwei Jahrzehnte älter als er. Bismarck betrachtet ihn wie einen Vater. Wilhelm ist 65, Bismarck in der Blüte, 47 Jahre. „Er konnte", schreibt er später, „mich ziemlich ungerecht behandeln. Das Gefühl, beleidigt zu sein, werde ich ihm gegenüber ebensowenig gehabt haben wie im Elternhause," und nochmals erwähnt er, den passiven Widerstand, den er zuweilen geleistet, mißbillige er jetzt in ruhiger Stimmung, und bereute ihn, „wie man analoge Empfindungen nach dem Tode eines Vaters hat, in Erinnerung an Momente des Dissenses."

Zweitens: Der König ist in Gefahr. Der Konflikt kann mit dem Sturz des Königshauses endigen. Es reizt den Starken „um seinen Kopf zu spielen". Doch läßt er dies nach außen Niemand merken. Als Napoleon bei der Abschiedsaudienz im Jahre 62 meint, es würde wohl bald in Berlin zu einem Aufstand und zur Revolution im Lande kommen,

gibt Bismarck die klassische. Antwort des Lehnsmannes: „Majestät, das Volk baut bei uns keine
Barrikaden. Revolution machen in Preußen nur
die Könige." Aber er kannte die Lebensgefahr
sehr wohl. Was er da für die Krone tat, hat er nie vergessen und gelegentlich auch benutzt; denn während eines Streites mit dem Könige schreibt er ihm
vier Jahre später: „Mein Vergehen ist, daß ich bereit
war, Eurer Majestät mit Ihrem Willen zu dienen, als
andere es versagten, daß ich nicht Anstand nahm,
Euer Majestät zu gehorchen, auf die Gefahr hin,
mir die Ungnade derer zuzuziehen, die Eurer
Majestät am nächsten stehen" (die Königin).
   Drittens: Er liebt diesen König. Er hegt für
ihn „persönlich so starke Gefühle der Hin-
neigung und Anhänglichkeit, daß mir der Gedanke,
in Gemeinschaft mit ihm zugrunde zu gehen, als
ein nach Umständen natürlicher und sympatischer
Abschluß des Lebens erschien."
   Das sind die drei Stimulantia seines Lehns-
gefühls. Das erste wirkt auf seinen sinnlichen Geist,
das zweite stimuliert seine Gewaltsamkeit, das
dritte unterdrückt das Veto seines Selbstbewußt-
seins: er gibt sich hin. Unregelmäßigkeiten des
Königs betrachtet er wie vis major, gegen die man
nicht rebellieren könne, „wie etwa das Wetter
oder die See, wie ein Naturereignis, auf das man
sich einrichten müsse. Dieser mein Eindruck beruht nicht auf meiner generellen Auffassung der
Stellung eines Königs von Gottes Gnaden zu
seinem Diener, sondern auf meiner persönlichen
Liebe zu Kaiser Wilhelm I."
   Warum zog ihn der König persönlich an? Weil

er die ritterlichen Tugenden hatte, die für Bismarck Voraussetzung freien Verkehrs waren, — dabei aber ein völlig unproblematischer d. h. eindeutiger, zweifelloser, klarer Charakter war, wie solchen der große Problematiker immer und ausschließlich innerlich anhing. Wir müssen dies hier vorwegnehmen. Der König war Bismarck im tiefsten unähnlich, darum liebte ihn Bismarck.

Ihre Ähnlichkeiten waren Rassen-, man kann fast sagen Standesmerkmale. Beide absolut furchtlos und durchaus Soldaten. Dies ging beim König bis zur formellen Mechanik: als ihm Bismarck im Jahre 58 eine Intrige meldete, daß eine „Haremsregierung" unter dem Vorsitz der Königin Elisabeth den kranken König vertreten sollte, rief Prinz Wilhelm unwillkürlich wie ein Offizier: „Dann nehme ich meinen Abschied!" Beide waren von tiefstem Pflichtgefühl. Beide Royalisten, was beim König nicht ohne weiteres selbstverständlich, da ja sein Bruder nicht „Royalist" gewesen. Wilhelms Royalismus ging dagegen soweit, daß er durchaus nicht Kaiser werden wollte („Was soll mir der Charakter-Major!"), weil er diesem Titel, dem Ergebnis einer Wahl und einer Verfassung, die angeborene Würde eines Preußenkönigs vorzog und in Versailles „drauf und dran war, zurückzutreten und Fritz alles zu übertragen."

Doch schon ihr Glaube ist verschieden, denn neben Bismarcks kompliziertem Glaubensgefühl ist der König einfach Pietist. Als Bismarck dem Prinzen Wilhelm auf Befragen einmal erklärt, ein Pietist sei jeder, der orthodox an die Offenbarung glaube, daß also Jesus wirklich Gottes Sohn und

55

für uns gestorben sei, erwidert der fast 60jährige Prinz „hoch errötend: Wer ist denn so von Gott verlassen, daß er das nicht glaubt?"

Darüber hinaus ist der ganze Aufbau von Bismarcks widerspruchsvollem Wesen dem des Königs in jeder Tiefe fremd, und nur eine Ähnlichkeit des Affektes ließe sich finden, wenn dem jähzornigen Kanzler der jähzornige König es gleichtut an Wut: wie er gelegentlich bei einer widerwillig geleisteten Unterschrift die Feder auf dem Papier zerstampft oder, 80jährig! Bismarcks Abschiedsgesuch zu einem Knäuel ballt, den der Ironiker später schmunzelnd betrachtet.

Dieser Kanzler hat diesen König ohne dynastische Verschönerung gezeichnet, als er dem Reichstag seinen Tod meldete: „Die heldenmütige Tapferkeit, das nationale hochgespannte Ehrgefühl und vor allen Dingen die treue, arbeitsame Pflichterfüllung im Dienste des Vaterlandes und die Liebe zum Vaterlande: mögen sie ein unzerstörbares Erbteil sein." Hier findet man weder Genie noch Weisheit verzeichnet, und dennoch wurden diese Worte, nach dem Bericht, „mit vor Wehmut versagender Stimme" gesprochen, noch in der Erschütterung, am Mittag des Tages, dessen Morgen des Königs Leben endete.

Auf dem Vertrauen dieser beiden Männer zueinander fußt die Möglichkeit von Bismarcks Werk. Darum hat er alle Künste seiner Menschenbehandlung an dem König spielen lassen. Er wußte, mit diesem muß ich auskommen. Vis major. Schon ein Jahrzehnt vor dem Eintritt kündigt er dem Prinzen an, Österreich könne an einem neuen

Bunde nicht teilhaben. Wiederholt hat er damals ausgesprochen, Gewalt würde unumgänglich sein. Nur dem Könige sagt er das nicht. Er schont dessen traditionelle und verwandtschaftlichen Gefühle für Österreich, er will ihn nicht erschrecken, weist auf Verhandlungen hin. Hätte er sogleich den ganzen Plan entwickelt, als eine Kraftprobe, oder wie er später sagte, ein Gottesgericht: dieser König hätte ihm die Möglichkeit der Verwirklichung überhaupt nicht gegeben.

Mit äußerster Vorsicht zieht er dann später den Widerstrebenden, moralisch Geängsteten von Erfolg zu Erfolg. Er weiß: man muß ihn beim Portepee fassen. Als er die Äußerung von „Eisen und Blut" getan, war der König in Baden bei seiner Gemahlin. Bismarck berechnet deren oppositionellen Einfluß auf ihn, wenn er die Zeitungen lesen wird, und fährt dem Zurückkehrenden bis Jüterbog entgegen. Es ist eine Woche nach seinem Amtsantritt, daß er in diesem Debüt ein Programm andeutet, das so ungeheures mißfälliges Aufsehen macht. Der König, im Kupee, ist niedergedrückt, mutlos: „Ich sehe ganz genau voraus, wie das alles endigen wird. Da auf dem Opernplatz unter meinen Fenstern wird man Ihnen den Kopf abschlagen und etwas später mir." Bismarck: „Et après, Sire? —" „Ja, après, dann sind wir tot." Bismarck: „Ja, dann sind wir tot, aber sterben müssen wir früher oder später doch, und können wir anständiger umkommen?" Er bearbeitet den von Augusta deprimierten König nun mehr und mehr im Sinne nicht eines Königs, sondern eines Offiziers, der für sein Vaterland kämpft und vielleicht fällt. Bis Jüterbog starrte der König vor sich hin, erwägend, wie er vor seiner Gemahlin und wie vor der öffentlichen Meinung bestehen könnte. Nun fühlt er sich mehr und mehr in die Aufgabe des „ersten Offiziers der preußischen Monarchie" hinein, und schon vor der Ankunft in Berlin gerät er in eine „heitere, man kann sagen kampfeslustige Stimmung."

Bismarck beobachtet diesen König, von dessen Vertrauen sein Werk in toto abhängt, wie einen gegnerischen Faktor, dessen Bewegungen er in seinen Plänen mitrechnen muß. Er kennt ihn genau. „Heute hat mir der König", sagt er in Versailles bei Erörterung der Beschießungsfrage, „nicht die Wahrheit gesagt. Ich fragte ihn, ob geschossen würde, er sagte, er habe es befohlen. Ich wußte gleich, daß es nicht wahr war. Er kann nicht lügen, wenigstens nicht, ohne daß man es merkt. Jedesmal bekommt er eine ganz besondere Gesichtsfarbe, und heute war die Farbe besonders auffällig. Auch konnte er mich, als ich ihn ins Auge faßte, nicht ansehen."

Ebenso genau weiß er, ob der König aus Überzeugung oder durch Augusta beeinflußt Widerstand leistet: In letzterem Falle findet er die Einwände unsachlich und unlogisch, dann endet eine solche Erörterung wohl mit der Wendung: Ei der Tausend, da muß ich doch sehr bitten! „Ich wußte dann, daß ich nicht den Kaiser, sondern seine Gemahlin mir gegenüber gehabt hatte." Als er gemeinsam mit dem König im August 64 in Schönbrunn mit Kaiser Franz Josef verhandelt und dieser fragt, ob Preußen wirklich entschlossen sei, die

Herzogtümer zu annektieren, der König aber, der Bismarck noch immer keine bindende Zusage gemacht hatte, schweigt, — bricht dieser das Schweigen mit den Worten: „Es ist mir sehr erwünscht, daß Eure Majestät mir die Frage in Gegenwart meines allergnädigsten Herrn vorlegen. Ich hoffe bei dieser Gelegenheit seine Ansicht zu erfahren." Eine Herausforderung, vor dem fremden Souverän fast beleidigend: aber ein Griff, um den König endlich festzulegen; der dann auch „zögernd und in einer gewissen Verlegenheit" die Frage verneint.

Der König erwidert Bismarcks Hingebung mit einer Treue, wie sie zwischen Monarch und Minister die Geschichte vorher nicht kannte. In den Jahren des Konflikts ist König Wilhelm positiv der einzige Faktor, auf den der Verwegene blind vertraut: denn seine Partei im Parlament zählt elf Mann. In späteren Zeiten wächst das Vertrauen zur Freundschaft. Bismarck ist es, der, nach der Danziger Episode, den Frieden zwischen König und Sohn herstellt, wie er einst König und Bruder geeinigt. Der König unterschreibt sich „Ihr ewig dankbarer König und Freund", „bis über das Grab hinaus dauernd Ihr dankbar ergebener", und schließt die Antwort auf Bismarcks Abschiedsgesuch vom Jahre 75: „Ihr tieferschütterter Wilhelm."

Und vielleicht ist es das tiefste Zeichen dieser Freundschaft, daß die beiden einzigen Tage, an denen der König dem Diener aus vollem Herzen zürnte, die größten seines Lebens waren: in Nikolsburg am 23. Juli 66 und in Versailles, am 18. Januar 71. An jenem ersten Tage schrieb der König, ergrimmt, Bismarcks weisestem Ratschlag,

Österreich nicht zu demütigen, nachgeben zu müssen, mit Bleistift folgende Randbemerkung: „Nachdem mein Ministerpräsident mich vor dem Feinde im Stiche läßt und ich hier außerstande bin, ihn zu ersetzen, habe ich die Frage mit meinem Sohn erörtert, und da sich derselbe der Auffassung des Ministerpräsidenten angeschlossen hat, sehe ich mich zu meinem Schmerze gezwungen, nach so glänzenden Siegen der Armee in diesen sauren Apfel zu beißen und einen so schmachvollen Frieden anzunehmen."

Und in Versailles hat der König dem Kanzler den Verlauf der Verhandlungen wegen des Kaisertitels so übel genommen, daß er nach der Proklamation „beim Herabtreten von dem erhöhten Stande der Fürsten mich, der ich allein auf dem freien Platze davorstand, ignorierte, an mir vorüberging, um den hinter mir stehenden Generalen die Hand zu bieten, und in dieser Haltung mehrere Tage verharrte."

Das ist Wilhelm und Bismarck an ihren größten Tagen.

Als Bismarck im Jahre 77 gehen will, hat der König sein Gesuch, wie Bismarck selbst berichtet, aufgenommen wie der Kalif, dem man seinen besten Backenzahn abverlangt: er hat es persönlich wie eine Beleidigung genommen und erklärt, die Krone niederlegen zu wollen, wenn sein Kanzler ginge. (Man denkt daran, daß er sie 15 Jahre vorher nicht niederlegte, weil dieser Kanzler kam.) Persönlich sagt ihm der König ein Wort, naiv, treu, gläubig: „Soll ich mich auf meine alten Tage blamieren? Es ist eine Untreue, wenn Sie mich verlassen!" Ein drittes Mal schreibt er: „Mein größtes Glück ist es ja, mit Ihnen zu leben!"

Auch die formelle Artigkeit nähert sich immer mehr der Gleichberechtigung. „Aus Ihrem gütigen Schreiben ersehe ich mit Freuden," schreibt der König. Bismarck antwortet ebenso, nur von einem „gnädigen Schreiben" sprechend. Der König schreibt: „Die Anlage sagt: Sie und ich wünschen die Adresse..." oder „Natürlich war ich in der schweren Lage, zuletzt meiner Überzeugung folgend den Ausschlag zu geben, als Sie mir so freundschaftlich entgegenkamen und mir einen Dissensus ersparten. Empfangen Sie dafür meinen wahren Freundesdank."

Bismarck hat seinem König einmal das stolzbescheidene Wort geschrieben: „Die Treue des Herrschers erzeugt und erhält die Treue des Dieners." Und es ist erstaunlich, daß in einem so dynastisch fühlenden Herrscher nie das Gefühl der Eifersucht sich regte. Nur die Attribute der Würde verlangte er für sich, und sein Kanzler hatte es leicht, ihn darin zu schonen. Er ist am 1. März 71 nicht in Paris eingeritten und am Arc de triomphe umgekehrt, weil er vor dem Könige nicht diesen symbolischen Bogen passieren wollte. Und wenn man ihn in Gegenwart des Königs akklamierte, tat er alles, um als Lehnsmann zurückzutreten, da jener bei solchen Gelegenheiten „errötete. Und doch kannte er mich und wußte, daß ich nichts tat, um sie mir zuzuwenden." Die Form wahrte der Preußenkönig für sich, doch dem major domus bestritt er nicht die geistige Führung: Der Fürstin Bismarck gegenüber rühmte er einmal die

Geschicklichkeit, mit der ihr Gatte „seine Intentionen zu erraten und, wie er nach einer Pause hinzusetzte, zu leiten verstünde".

Es war die persönliche Liebe, die Eifersucht nach außen ausschloß. Er wisse wohl, schreibt Bismarck im Alter dem Könige, daß er mit ihm zusammen in Schrift und Erz genannt werden würde. „Aber die herzliche Anhänglichkeit, die ich, unabhängig von der Treue jedes ehrlichen Edelmannes für seinen Landesherrn, für Euer Majestät fühle, wird in keinem Denkmal Ausdruck finden." Und doch sei es dieses Gefühl in letzter Instanz, das Diener ihrem Monarchen sich hingeben läßt. „Meine Arbeitskraft entspricht nicht mehr meinem Willen; aber mein Wille wird bis zum letzten Atemzuge Eurer Majestät gehören.

v. Bismarck."

Gewaltsamkeit

Unter den großen Männern der Geschichte ist die Spezies derer, die alle Leidenschaften der Starken vereinen und nur dem Ehrgeiz fremd sind, die seltenste. Man findet sie höchstens unter Moralisten (Cromwell). Sonst hat er meist die Hegemonie der Leidenschaften und führt die Mutigen zum Kampf: Haß und Verachtung, Hingabe und Rücksichtslosigkeit, Gewaltsamkeit und Zorn folgen ihm.

Denn Ehrgeiz ist nicht Wille zur Macht, die generelle Leidenschaft starker Genies. Wer Macht will, will eine Hochebene, der Ehrgeizige will immer eine Spitze.

Daß Bismarck einer dieser seltenen war, daß er, ohne Moralist zu sein, jene großen Leidenschaften trug, aber den Ehrgeiz verachtete, ist ein Zeichen seiner im tiefsten problematischen Natur, die wiederum in seinem Körper Gleichnis und Grundlage findet.

Denn Bismarck war stark und nervös zugleich, und diesem Dualismus, nach zwei Seiten weiter- und durchaus bis an die Enden gedacht, begegnet man auf allen Höhen und in allen Abgründen seiner klippenreichen Seele, in der Mechanik seiner Entschlüsse, in der Physiognomik seiner Wünsche, bis in seine Träume hinein.

Es ist der Adel des platonischen Genies, vor allem leidenschaftslos zu sein. Es ist der Adel des

Genies der Realität, vor allem leidenschaftlich zu sein. Es ist der Fluch des problematischen Genies, seine Leidenschaften durch Gegenströme der Seele paralysiert zu sehen. Dieser Druck lastete auf Bismarck, aber er befreite in ihm das Werk.

Als Bismarck im Jahre 48 zum erstenmal auf einer Ministerliste in Vorschlag stand, schrieb Friedrich Wilhelm an den Rand: „Nur zu gebrauchen, wenn das Bajonett schrankenlos waltet." Dieser ausgezeichnete Menschenkenner hat sich vor der Geschichte mit dieser Glosse nicht blamiert. Man muß nur an Bismarcks leidenschaftliches Eintreten für die Bajonette in diesem Revolutionsjahre denken, und daß er damals dem General von Prittwitz, der auf persönlichen Befehl des Ministers des Innern wütend den Schloßplatz mit seinen Truppen geräumt und noch bebend Bismarck gefragt hatte, was er denn anderes hätte tun können, ganz ernst geantwortet hat: „Ich würde es für das zweckmäßigste gehalten haben, einem Unteroffizier zu befehlen: Nehmen Sie diesen Zivilisten in Verwahrung!"
Wenn aber später Gramont von ihm sagte: „Alles faßt sich für ihn in einer Frage der Gewalt zusammen", so irrt er viel schlimmer, denn damals war Bismarck schon Diplomat. Gerade daß der ein Diplomat höchsten Ranges werden konnte, der in der Tiefe seiner Natur gewaltsam war, ist eben das Zeichen jenes problematischen Charakters, den freilich auch die Generation nach Gramont selten erkannte.
An einem Abend in Versailles hörte Bismarck von verlassenen Häusern sprechen, deren Wert-

sachen, nicht reklamiert, für die Kriegskasse konfisziert worden wären. Er lobte dies und sagte: „Eigentlich sollten solche Häuser niedergebrannt werden, nur träfe das die vernünftigen Leute mit, und so geht es leider nicht." Er bemerkte dann „nach einigem Sinnen und anscheinend ohne Zusammenhang mit dem Vorherigen: Der Krieg ist doch eigentlich der natürliche Zustand der Menschheit."

In Petersburg sagte er einmal, als er von wilder Wolfsjagd kam: „Das Jägerleben ist doch eigentlich das dem Menschen Natürliche."

„Eigentlich — natürlich." So müßte man sein! spricht es in ihm.

Von seinen Ahnen liebt er zumeist jenen Urgroßvater, dem er so ähnlich sieht. Aber wenn er ihn preisen will, weiß er nichts zu erzählen, als daß er, ehe er bei Czaslau fiel, ein verwegener Offizier, ein starker Zecher, ein gewaltiger Jäger gewesen; der einmal in einem Jahre 154 Rothirsche geschossen. „Wie er jung war, da war's, wie wenn ich mich in seinem Bild im Spiegel sähe." Dies Bild nimmt er, allein von allen Ahnenbildern, mit nach Berlin in die Amtswohnung. Er liebt ihn. Es ist der Gewaltsame.

Soweit es der Skeptiker und Betrachter, der Diplomat und Nervenmensch in ihm zuließ, hat Bismarck seine Gewaltsamkeit überall verwirklicht. So tritt der Riese auf, „mit mittelalterlicher Ritterlichkeit", wie ein Bericht über sein erstes Erscheinen auf der Tribüne im Jahre 47 sagte, „die Hand am Schwert und den Fuß im Bügel. Dieser Herr von Bismarck-Schönhausen sieht aus, als könne er alle Tage einige Demokraten gebraten zum Frühstück vertilgen. Aus dieser Stirn mit seltsamen Buckeln und Falten, diesem starren Auge und dieser ganzen Gesichtsbildung könnte ein Maler wohl das Modell eines modernen Kreuzritters oder eines Helden aus der Vendée schöpfen."

Fünfzehn Jahre später beginnt er als Gewaltsminister sein Werk, der einzige, der den Mut hat, in solche Spannung einzutreten. Man darf nicht vergessen: er ist der erste Preuße, der es wagt, das Heer, das seit 50 Jahren in beständigem Ausbau begriffen, zu benutzen. Zwanzig Jahre später nennt er seine Politik aus dieser kritischen Zeit direkt „auf die Spitze des Schwertes gestellt".

Gleich in der gedachten Kommissionssitzung, wenige Tage nach Antritt seines Ministeramtes, sagt er: „Nicht auf Preußens Liberalismus sieht Deutschland, sondern auf seine Macht. Nicht durch Reden und Parlamentsbeschlüsse werden die großen Fragen der Zeit entschieden, das war der Fehler von 48 und 49, sondern durch Eisen und Blut."

Dies sind die Worte, mit denen Bismarck aus seinen Zelten tritt. So spricht der leitende Staatsmann. Der leitende Kriegsminister, sein Freund Roon, der ihn erst später verstand, macht ihm auf dem Heimweg vom Parlament Vorwürfe wegen solcher „geistreicher Exkurse".

Der ganze Konflikt dieser Jahre stand auf Gewalt, er war ein Rechtsbruch, halb verdeckt durch jene sonderbare Auslegung der Verfassung, die die berühmte „Lücke" entdeckte, und doch auch eingestanden, wenn der Minister im Jahre 63 dem Parlament sagte: „Das ganze Verfassungsleben ist eine Reihe von Kompromissen. Kommen solche durch den doktrinären Absolutismus eines Faktors nicht zustande, so entstehen Konflikte, und da das Staatsleben nicht stillstehen kann, so werden Konflikte zu Machtfragen. Wer die Macht in Händen hat, geht dann in seinem Sinne vor. Das preußische Königtum ist noch nicht reif dazu, einen rein ornamentalen Schmuck Ihres Verfassungsgebäudes zu bilden."

Bald darauf: „Rechtsfragen werden leicht zu Machtfragen." Im Jahre 64: „Staatsrechtliche Fragen werden in letzter Instanz durch die Bajonette entschieden." Und, als ein Rechtsgutachten in der dänischen Frage von den Liberalen als Winkelansicht bezeichnet wird: „Bei dem Mangel eines Gerichtshofes in Europa haben ‚Winkelansichten‘, wenn es ihnen gelingt, die Mehrheit der Bajonette zu gewinnen, die Eigenschaft, daß sie mitunter siegreich bleiben."

Schon im Jahre 62, als Debüt, erläßt er die sogenannten Preßordonnanzen, die schon auf die allgemeine Haltung hin eine Zeitung verbieten können, ohne daß hierfür ein verfassungsmäßiges Gesetz zustande gekommen wäre. Es ist Diktatur, Gewalt, denn man „hatte die Macht, das Heer in Händen", sein machtloses Recht aber hielt das Parlament zornig in die Luft und ließ es im Winde flattern. Bismarck überläßt ihm gern seine „moralischen Eroberungen, parlamentarischen Heucheleien und oratorischen Betätigungen". Doch als er mit dem König in die Kirche zu Lauenburg tritt, wo die Stände schwören sollen und niemand weiß, ob die gereizten Herren die Eidesformel akzeptieren werden, ist er entschlossen, schlimmstenfalls das ganze die Kirche füllende Volk schwören zu lassen, und steckt für diesen Fall noch einen zweiten Pfeil in seine Tasche, eine zweite abgewandelte Volkseidesformel.

Als Virchow ihm in dieser Zeit zurief, er sei dem Bösen verfallen, erwidert Bismarck gelassen, er bekenne sich zu dem Grundsatz: „flectere si nequeo superos, Acheronta movebo." Ein Wort, weit hinaus über Gewaltsamkeit, der Dämonie zu eigen.

Aber er steht allein. Sofort nach dem Tode Friedrichs VII. äußert er im Staatsrat, man müsse die Elbherzogtümer für Preußen erwerben. Sein einziges Motiv ist, wie er dem Könige vorhält: ein Zuwachs, wie ihn alle seine näheren Vorfahren gewonnen hätten. Er ermuntert ihn, ein Gleiches zu tun. Erfolg: der Kronprinz greift sich bei seiner Rede an den Kopf, als zweifle er am Verstande des Ministers, und der König weist den Protokollführer an, diese Sätze zu streichen, weil das dem Redner lieber sein würde. „Seine Majestät schien geglaubt zu haben, daß ich unter den bacchischen Eindrücken eines Frühstücks gesprochen hätte." Er besteht auf der Protokollierung.

Dies ist der Anfang. Niemand an diesem moralischen Hofe sieht Würfe in solchen Entwürfen.

Bismarck fühlte zutiefst die Herrschaft der dynamischen Gesetze im Wettkampf der Welt, er kannte sie überdies aus der Geschichte, die er durchaus studiert hatte. „In einem Kampf derart," sagt er in seinen Memoiren, „wenn er auf Tod und Leben geht, sieht man die Waffen, zu denen man greift, und die Werte, die man durch ihre Benutzung zerstört, nicht an: der einzige Ratgeber ist zunächst der Erfolg des Kampfes." Deshalb wirft er im Juni 66 „das allgemeine Wahlrecht in die Pfanne", das ihm selbst Werte zerstörte, die er später gern wieder aufgerichtet hätte.

Im Kriege vollends vertraut er in erster Linie auf die wirkliche, gewaltsame Überlegenheit, dann erst auf Klugheit der Führer. Er überschlägt sich: die obere Leitung nennt er in Versailles einmal „Strategie der Studierstube, Pläne, bei denen man immer auf die ungeheure Tüchtigkeit des Soldaten und Regimentsoffiziers vor allem rechnet. Unsere Erfolge kommen daher, daß unsere Soldaten physisch stärker sind als die französischen, besser marschieren, ungestüm draufgehen. Wenn MacMahon preußische Soldaten unter sich gehabt hätte, Alvensleben französische, so würde der geschlagen worden sein, obwohl er mein Freund ist."

Ekstatisch wird seine Gewaltsamkeit, wenn Gewalt ihn exzitiert. Ihn empört die Meldung, der preußische General hätte vor Tours nicht weitergeschossen, als die Bevölkerung die weiße Fahne aufzog, nachdem sie lange selbständig Widerstand geleistet: er, Bismarck, hätte fortgefahren „mit Granaten gegen die Kerls", bis sie 400 Geiseln herausgeschickt hätten. — Als im Jahre 74 ein deutscher Hauptmann von den Carlisten in Spanien ermordet worden ist, sagt Bismarck im Reichstag: „Wäre es völkerrechtlicher Tradition gemäß und geziemte es uns, auf eine barbarische, ich kann sagen henkersmäßige Verfahrungsweise in ähnlicher Weise zu antworten, so hätten wir am ersten besten Carlistischen Hafen eine Landung gemacht, hätten den ersten besten Carlistischen Stabsoffizier ergriffen und am Hafentor gehenkt. Das wäre das, was sich dem natürlichen Menschen als Repressalie aufdrängt."

Wiederum das Wort „natürlich". Aber das ist nicht nur die Antwort auf den Einzelfall mit seiner schimpflichen Reizung. Über 70jährig erinnert er noch den Reichstag an das alte Deichwort: „Wat nich will dieken, dat mut wieken", und wendet es theoretisch gegen die Sozialisten an, die man aus dem Staat vertreiben müßte: „So barbarisch sind wir nicht mehr, aber es wäre eigentlich die gerechte Antwort gegen alle diejenigen, die den Staat und seine Einrichtungen negieren. Das nannte man im alten deutschen Reich Bann und Acht. Es ist ein hartes Verfahren, zu dem wir heute zu weichmütig sind." Kann er noch deutlicher werden?

Mit dieser Gewaltsamkeit korrespondiert seine äußere Körperkraft. Er kennt sie wohl und weiß nicht, ob er sich als Vater freuen soll, daß seine Söhne, was er wiederholt hervorhebt, ihn im Ringen besiegen. Geht er mit dem kleinen Aegidi in seinen Wäldern spazieren, so amüsiert er sich, wie dieser mehrere Schritte machen muß, wenn er selbst einen braucht.

Es ist der Mann, der im Jahre 65 mit Napoleon in Biarritz die Terrasse auf- und niederschreitet, — der Kaiser ein kranker Mann, mühsam, gebeugt, er selbst wenige Jahre jünger, doch ein

70

Riese, im Angesicht des Meeres. Es ist der Mann, der, furchtbar geschwächt, 73 jährig während einer, siebenundzwanzig Druckseiten füllenden Rede um Entschuldigung bittet, daß er zwei Augenblicke sitzend weiterspricht.

Sein ganzer Bau ist gewaltsam, seine Art, sich zu nähren, scheint unmäßig, ist aber nur leidenschaftlich und in gesunden Tagen unschädlich. Er aß früher morgens nüchtern elf harte Eier, wie er selbst erwähnt, jetzt „nur noch drei". Überall wird furchtbar geheizt, daß die Sekretäre klagen. Als der 65 jährige einmal erkrankt, erklärt die Fürstin, er habe gestern abend unendliche Massen von Waldmeisterbowleneis und dazu 6 harte Eier zu sich genommen. Er liebt schwere und unverdauliche Speisen. Hausfreunde berichten, wie er Gänseleberpasteten größten Formates fast ganz allein auf einen Sitz bewältigt, und in Gastein lacht die Tafelrunde, als die Fürstin ein Telegramm der Wirtschafterin aus Varzin vorliest: „Vorgestern Nordhäuser und Wacholder abgesandt, gestern Bordeaux, heute Kognak." Schwere Südweine liebt er besonders.

Auf gewaltsame Art pflegte und kurierte er sich zuweilen, bis jener Zusammenbruch unvermeidlich wurde, aus dem Schweninger ihn gerettet. Infolge der Vornehmheit, mit der dieser wahrhaft geniale Arzt seine kleine Denkschrift auf Bismarck abgefaßt hat, weiß man in Deutschland gar nicht, wie einzig diesem Manne, der allein dem Autokraten zu imponieren verstand, fast zwei Jahrzehnte des Lebens und ein Jahrzehnt der Arbeit Bismarcks zu danken sind.

Was ihm die Federarbeit raubt, was ihm als Offizier der Dienst gegeben hätte, das ersetzt er durch kühne Jagden, wilde Ritte und Gefahren. Als preußischer Gesandter fährt er von Pest aus, zur großen Beunruhigung der dortigen Regierung, die ihm gegen seinen Willen starken Schutz mitgibt, weit in die ungarische Steppe, weil sie von Räubern wimmeln soll. Er hat „etwas Kitzel, diese Räuber näher kennen zu lernen", bedauert, keine zu treffen, schreibt seiner Frau von der Gefangennahme einiger Räuber in den jüngst verflossenen Tagen und fügt hinzu: „Dergleichen erlebt man in unseren langweiligen Gegenden nicht!" Es klingt wie aus Lord Byrons Tagebuch.

Von Petersburg fährt er 250 Werst, um einen im Winterschlaf gefundenen Bären zu finden. In den baltischen Wäldern kommt ihm ein angeschossener Bär bis auf fünf Schritte nah, dann erst schießt er und hat „keinen Moment das Gefühl, sich in einer Gefahr zu befinden". In den behaglichen Zimmern seines Hauses am Newaufer begegnen die Gäste zuweilen zwei jungen Bären, ein anderer rächt den Tod seiner Mutter durch einen Biß in Bismarcks Finger, und am liebsten verpflanzte er sie in seine pommerschen Wälder. „Es geht nichts über Urwälder, in denen keine Spur von Menschenhänden zu finden ist."

Über fünfzigmal meint er mindestens vom Pferde gestürzt zu sein; besonders schlimm, wenn das Pferd auf ihn stürzte. Als Fünfundsechzigjähriger reitet er noch „Karriere über Stock und

Stein" auf seinem Gut, wie seine Räte berichten. Und mehr als siebzigjährig erhofft er auch noch den Tod gewaltsam:

„Es wird ein plötzliches Zusammenbrechen sein, im Stehn." —

Der Krieg ist doch eigentlich der natürliche Zustand des Menschen.

Wille zur Macht

So wenig es ein Element in der Natur gibt, auf das alle chemischen Verbindungen zurückgeführt werden können, gibt es in irgendeinem Charakter einen „Grundzug". In dem Bestreben, die Zahl der Elemente immer mehr zu verkleinern, weiß die Chemie sehr wohl, daß sie nie auf die Zahl Eins kommen kann, — und blieben nur die vier frühgriechischen Elemente, deren unwissenschaftliche Popularität ihren mystischen Wert nicht herabmindern kann. Vorläufig sind es aber noch einige Siebzig.

Als solchen „Grundzug" erkennen eilige Psychologen in Bismarck gern den Willen zur Macht: Die ältere (moralische) Generation, um seinen Charakter zu verdammen — sie sprechen etwas giftiger von Herrschsucht —, die Jungen, um ihm damit das Portepee des Herrenmenschen zu verleihen.

Dieser Wille zur Macht, zweifellos in Bismarcks Seele wirkend, beherrschte sie dennoch nicht, weder absolut noch als konstitutioneller Faktor mit anderen.

Denn Bismarck will im Grunde nicht die Macht,

sondern das Werk: in diesem Sinn ist er Künstler.
Als Mittel zum Werk will er die Macht. Nachdem
er einmal die große Stellung errungen, hält er sie
männlich fest. Aber sein Haß ist elementarer als
sein Wille zur Macht, sein Zorn wilder, seine
Noblesse selbstverständlicher, sein Royalismus dogmatischer, sein Glaube notwendiger, seine Problematik tiefer.

Diese Problematik ist es zuletzt auch, die diesen
starken Menschen an einer Ausweitung des Willens
zur Macht über sein Werk hinaus hindert. Hier
fühlt man deutlich, wie er sich grundsätzlich
unterscheidet von jenen naiv strahlenden Naturen,
wie sie Italien vor vier Jahrhunderten erzeugte.

Jeder Wille zur Macht ruht auf dem Bewußtsein überlegener Kräfte. Diese mußte Bismarck
fühlen. Als er das erste Mal hinter die Kulisse
blickt, in Frankfurt, schreibt er: „Möge der Herr
mich demütig halten, aber hier ist die Versuchung
groß, mit sich selbst zufrieden zu sein." Und als
er ein Jahr lang die Leitung des Staates hat: „Es
kommt mir vor, als wäre ich in diesem Einen Jahre
um 15 Jahre älter geworden. Die Leute sind doch
noch viel dümmer, als ich sie mir gedacht hatte."
Zugleich aber kann er an Goltz schreiben: „Wir
haben diesen Sommer erreicht, wonach wir zwölf
Jahre lang vergebens strebten. Es ist noch nicht
dagewesen, daß die Wiener Politik in diesem Maße
en gros et en detail von Berlin aus geleitet wurde.
Dabei sind wir von Frankreich gesucht, unsere
Stimme hat in London und Petersburg das Ge-
wicht, das wir seit 20 Jahren verloren hatten."
Grade weil Bismarck eine umfassende Macht

wollte, verschmähte er die kleine. Aus Verachtung der Stufenleiter, aus Degout vor schrittweisem Aufstieg hat sich der Dreißigjährige auf sein Gut resigniert. Napoleon mußte den ganzen Leidensweg der Stationen gehen, um nach 20 Jahren an der Capelle des empire ermüdet anzukommen.

Die relative Unabhängigkeit eines Gesandten zieht er dem Ministerium so lange vor, als ein autokratischer König ihm jede Abhängigkeit verbürgt. „Er sah in mir," sagt er auf Friedrich Wilhelm, „ein Ei, das er selbst gelegt hatte und ausbrütete, und würde bei Meinungsverschiedenheiten immer die Vorstellung gehabt haben, daß das Ei klüger sein wolle als die Henne." Eitelkeit, deren Schatten nie auf ihn fielen, hätte ihn bei so dringenden Aufforderungen verführen müssen.

Aber auch als Gesandter fühlt er sich „ziemlich ad acta gelegt und seiner Freiheit ohne Zweck beraubt". Weder hätte er Neigung, schreibt er aus Frankfurt an Gerlach, an zweiter Stelle zu stehen, noch legte er Wert auf einen andern Posten. Ein andermal erklärt er, ob es nützlich und angenehm sei, Einfluß auf die Regierung zu besitzen, das sei eine kritische Frage, die er sich meistens verneine, während er in andern Stunden „beide Ohren dafür geben möchte", seine politischen Ansichten durchzusetzen.

Dies im Jahre 54: ein Vorbote seiner Monomanie für das Werk.

Und drei Jahre später antwortet er Keudell, der ihn fragt, ob nicht auch er heut einen höheren Wellenschlag des Lebens spüre wie in der Studentenzeit: „Nein." Dann nach einer kleinen

Pause: „Ja, wenn man so über das Ganze disponieren könnte!"

Als er dann die höchste Macht in Land und Reich vereinigt, wollen seine Feinde diese Macht an allen Ecken beschneiden: vor allem sind es die geplanten Kollegialministerien, die ihn ganz außer sich bringen. Den Antrag Twesten-Münster vom Jahre 69 im Norddeutschen Reichstag auf Bundesministerien faßt er als Mißtrauensvotum auf: man wolle ihn ans Gängelband nehmen. Vor der Verantwortung schrecke er nicht zurück, wohl aber vor der Notwendigkeit, vor jedem Schritt sieben Leute zu überzeugen. Er dreht sogar die Sache um und erklärt, Preußen würde einen immensen Fortschritt machen, wenn es gleich dem Bunde nur Einen verantwortlichen Minister (d. h. ihn selbst) hätte. „Es entsteht in jedem Kollegium, wenn eine Sache zu Ende kommen soll, mitunter die Notwendigkeit, zuletzt Kopf oder Schrift darüber zu spielen, wie es sein soll: — so notwendig ist es, daß einer da ist, der schließlich sagt: So soll es sein!"

Privatim nennt er diese Kollegialverfassung der preußischen Ministerien ein Greuel und viel unerträglicher als selbst die Opposition im Parlament. „Wenn ich einen Löffel Suppe essen will, muß ich erst acht Esel um Erlaubnis fragen."

Ebenso lehnt sich der Machtbewußte gegen die im Jahre 68 vom Reichstag geforderte juristische Verantwortung des Kanzlers neben der moralischen auf: er wäre dadurch politisch matt gesetzt, denn bei jeder Maßregel müsse er den Kreisrichter fragen, ob sie auch formell zulässig sei.

Niemand durfte an seine Macht tasten, am wenigsten seine Beamten. Arnim behauptet, er hätte geäußert: „Meine Botschafter müssen einschwenken wie die Unteroffiziere, ohne zu wissen, warum." Dieser neudeutsche Stil klingt sehr unbismarckisch. Vielleicht ist es trotzdem wahr. Gewiß ist, daß er nicht nur gegen Arnim, mit dem es ein schlimmes Ende nahm, auch gegen Graf Goltz und Graf Münster brieflich sehr artig, aber sehr energisch Verwahrung dagegen einlegte, als sie den König direkt, d. h. ohne sein Medium beraten wollten.

Zu allen Geschäften hätte er nur Sekretäre gewünscht, und in der Tat waren die Vortragenden Räte, auch wenn sie Exzellenzen hießen, meist nichts anderes. Darum vermißt man auch unter Bismarck große Beamte. Er erdrückte, wie jedes Genie, viele große Begabungen. Alles will er selbst machen, und er läßt es nicht zu, daß das Bureau ihm nur die wichtigsten Sachen vorlege. Sehr selten hat er, wie die Räte berichten, ein ihm vorgelegtes Konzept unverändert gelassen.

Alles „Dreinreden" macht ihn nervös oder rasend. „Große Staatsgeschäfte," sagt er in Versailles, „Unterhandlungen mit dem Feinde irritieren mich nicht. Wenn sie mir Einwendungen machen gegen meine Gedanken und Forderungen, bleibe ich kalt, auch wenn sie unvernünftig sind. Aber die kleinen Quälereien der Militärs in politischen Fragen!"

Einmal bricht er übrigens auch durch jenes Prinzip. Kurz vor Abschluß der Versailler Verhandlungen mit Thiers wird er so wütend, daß er plötzlich ruft: „Bringen Sie morgen einen Dolmetscher mit, ich spreche nicht mehr französisch!" Darauf beginnt er „mit unendlicher Leidenschaftlichkeit" laut deutsch zu sprechen.

Eine gehässige und, was schlimmer ist, unpsychologische Presse hat ihm jahrelang das „Kleben am Amte" vorgeworfen und so auch seinen Sturz erklärt. Alles an Bismarck straft diesen banalen Vorwurf Lügen: seine Skepsis, seine Weltflucht, seine Verachtung sind nur die dringendsten Widerlegungen, deren Details man weiter unten findet.

Mit erhobenem Schwert schützte Bismarck sein Werk. Die Welt sah nur das erhobene Schwert.

Zorn und Rache

Wenn je, so hat in Bismarck sich jener wunderbare Parallelismus von Körper und Seele bewährt, der die Motive aus dem Körper erklärbar macht, der aber auch bei jeder inneren Erschütterung anormale Reaktionen des ganzen Baues bewirkt. Seine physischen Grundelemente, Riesenstärke und äußerste Nervosität, erzeugen Gewaltsamkeit und Zornausbrüche.

„Die Kritik vollzieht sich in mir ohne mein Zutun", schreibt er im Jahre 56 an Gerlach gelegentlich des ihn empörenden Antichambrierens Preußens vor den Pariser Verhandlungen. „Ich habe die ersten 24 Stunden unter fortwährenden Anfällen gallichten Erbrechens gelitten und ein mäßiges Fieber verläßt mich keinen Augenblick." Dies ist die Reaktion eines völlig unverantwortlichen Gesandten. Später steigen seine Aufregungen.

Als am 23. März 66 noch nichts gegen die Rüstungen Österreichs geschehen ist, erkrankt er. Als am 27. die Rüstungsbefehle ergehen, gesundet er. Als Mitte April beiderseitige Abrüstung erwogen wird, erkrankt er wieder. Als die Mobilmachung der feindlichen Südarmee gemeldet wird, gesundet er wieder. Als er den Antrag auf Errichtung von Bundesministerien zu Gesicht bekommt, wird er von einem Magenkrampf befallen. Nach einem politischen Ärger im Jahre 69 speit er die ganze Nacht Galle, schläft 36 Stunden nicht und hat „einen Kopf wie ein Glutofen trotz Umschlägen. Es ist aber auch, um den Verstand zu verlieren!" Während der gefährlichen Verhandlungen in Versailles bekommt er schwere Neuralgien. Als der Friede gesichert ist, gesundet er.

Des Abends, schreibt er schon im Jahre 47, ist er „immer aufgeregt, in der Einsamkeit". Seine Reizbarkeit wächst durch die schweren Gesichtsschmerzen, die ihn zuweilen beim Vortrage großer Parlamentsreden befallen. Seine Räte fürchten ihn, wenn er die buschigen Brauen wie einen Schnurrbart dreht: das ist ein Wetterzeichen, dann will er sich krampfhaft beruhigen. In der Unterhaltung darf ihn niemand unterbrechen, sonst verliert er den Faden.

Spricht er im Parlament, so ist das kein ruhiger Fluß, sondern er spricht mühsam, eruptiv, bald grundlos leise, bald so laut, wie es seine hohe Stimme nicht verträgt. Man sieht, wie das Wort „qualvoll geboren wird, wie Arme und Hände mitschaffen, wie ein Keuchen und Stöhnen sich ihm entringt". So wird berichtet. Ebenso diktiert er: nicht dahingleitend, sondern „stoßweise, bisweilen lange Pausen machend, dann wieder die hervorquellenden Worte nur mühsam zurückhaltend, um ein Nachschreiben zu ermöglichen".

Sein starkes Rauchen ist ein Mittel zur Nervenberuhigung, weil, wie er sagt, der Tabak narkotisch auf ihn einwirke, das Ein- und Ausatmen mechanisch beruhige, und man unwillkürlich den Rauch betrachte, — das zerstreut.

Fällt der Zunder solcher, mit den Jahren steigender Nervosität in ein Temperament, das an sich schon zu Eruptionen neigt, so sind Zusammenbrüche natürlich. Als er 14 Tage Abgeordneter ist, ist er schon „vom Morgen bis zum Abend gallsüchtig über die lügnerische, verleumderische Unredlichkeit der Opposition".

An diese freilich hat er sich später gewöhnt. Je maßloser seine Gegner werden, um so ruhiger wird er. Es ist ein vereinzelter Fall, daß er, zornig auf die Deutsch-Konservativen, im Jahre 77, gegen diese im Herrenhause „möglichst grob" werden will, ohne doch Injurien zu gebrauchen. „Ist Schurke eine Injurie?" fragt er den gerade anwesenden Justizminister. Als dieser lächelnd bejaht, erklärt Bismarck, überhaupt nicht in die Kammer zu gehen und den Vizepräsidenten an seiner Statt sprechen zu lassen.

Wenn aber irreparable Dinge gegen seinen Willen geschehen, gerät er außer sich. Gerlach hat ihm einmal selbst gesagt, im Zorn sei es ihm gleichgültig, gegen wen er wüte. Bismarck nennt das dann „gerechten Zorn", wie alle gewissenhaften Leidenschaftlichen, und schon als Knabe, erzählt er wiederholt, habe er den Tell nicht leiden mögen, weil er aus dem Hinterhalte schießt und nicht, statt auf das Kind, in gerechtem Zorn gleich unter dem Baum auf den Landvogt.

Er ist fast 70 Jahre, als er plötzlich eines Mittags die Tür des Arbeitszimmers aufreißt, eine Reitpeitsche in der Hand, Lenbach im Vorzimmer kaum grüßend, nach dem Salon eilt, in dem ein ausländischer Minister wartet, auf diesen zugeht, vergebens zu sprechen versucht, endlich erschöpft zu Lenbach zurückkehrt —: er hatte eben seine Dogge geprügelt, weil sie das weiße Hündchen seiner Tochter gebissen. Dann malt er sich den Schrecken des Diplomaten aus, wie er Fürst Bismarck mit der Reitpeitsche auf ihn zustürzen und stammeln sieht, und er eilt sich zu entschuldigen.

Einige Jahre zuvor, im Jahre 80, erfährt er eines Tages einen ihn aufregenden Beschluß des Bundesrates in Postsachen. Stephan wird zitiert, ist verreist. Statt seiner erscheint der Vorsteher des Zentralbureaus im Reichspostamt, ein hoher Beamter. Er äußert im Vorzimmer dem Sekretär, er freue sich, den Fürsten zum erstenmal von Angesicht zu Angesicht zu sehen. Nach wenigen Minuten „stürzt er tödlich erschreckt aus dem Arbeitszimmer, um einen Direktor zu holen".

Bismarck hat ihm, einem völlig Unschuldigen, in der Wut u. a. gesagt: „Ich habe mich neulich über Ihre Jugend gewundert, als ich Ihr Patent unterzeichnete. Sie sind aber noch viel jünger als Ihre Jahre!" Sogleich läßt Bismarck einen

Immediatbericht an den Kaiser entwerfen, in dem er um seine Entlassung bittet. Grund: eben jener Beschluß, der durch besondere Umstände gegen Preußen gefaßt werden konnte. Am selben Abend will er aber schon eine Notiz in der „Nordd. Allg. Zeitung" über seinen Rücktritt lesen. Der Vortragende Rat eilt auf sein Zimmer, beides zu entwerfen. Bismarck geht im Garten umher, bei jedem Rundgang an sein Fenster tretend, um neue Aufträge zu geben (deren Ausführung ihm, wenn er geht, gleichgültig sein kann). Kurz vor Redaktionsschluß fragt der Rat, ob die Notiz nicht bis morgen bleiben solle. Bismarck verneint, inzwischen wird das Entlassungsgesuch fertig, von ihm korrigiert, im Bureau von vier Schreibern mundiert. Um halb fünf wird es durch einen Reiter „im Galopp", wie der Bericht sagt, nach dem Neuen Palais nach Potsdam gebracht. Um ein viertel sechs befiehlt Bismarck, das Gesuch solle nicht in die Hände des Kaisers gelangen. Zu spät. „Nun, dann lassen Sie's schießen!"

Dieser Mann steht im 66. Jahre und seit 30 Jahren in politischen Geschäften.

Aber es ereignete sich in Bismarck zuweilen, selten, noch ein ganz anderer Zorn. Der explodierte dann nicht, er wühlte. Keudell, den Bismarck schon vor dessen Dienstantritt bei ihm besonders schätzte und lange kannte, schreibt ihm in den kritischen Wochen von 64, da er ihn einige Tage nicht persönlich erreichen kann: er halte die dänische Frage für eine herrliche Gelegenheit, an die Spitze der besten Geister Deutschlands zu treten, um sich für das Recht des Augustenburgers zu schlagen und für

ihn die Herzogtümer vom dänischen Joch zu be-
freien. Am nächsten Tage begrüßt ihn Frau von
Bismarck, seine langjährige Freundin, im Salon
kaum. Zwei Tage später läßt Bismarck ihn rufen
und beginnt „mit dumpfer Stimme, in sichtlicher
Erregung: Sagen Sie mal, weshalb haben Sie
mir eigentlich diesen Brief geschrieben? Wollten
Sie auf meine Entschließungen einwirken, so wäre
das nicht Ihren Jahren angemessen. Es kann ja
ganz ehrenvoll sein, für eine gute Sache unter-
zugehen, aber besser ist es doch, sich so einzu-
richten, daß man die Möglichkeit hat, zu siegen."
Daß das ganze Ministerium jetzt wie in der polnischen Frage im Vorjahre gegen ihn sei, störe
ihn nicht. „Daß aber Sie, der Sie mich so lange
und so gut kennen, denken, ich wäre in diese
große Sache hineingegangen wie ein Fähnrich,
ohne mir den Weg klar zu machen, den ich vor
Gott verantworten kann, — das hat mir den
Schlaf zweier Nächte gekostet. Sie zu entlassen,
liegt ja gar kein Anlaß vor. Ich habe Ihnen nur
zeigen wollen, wie tief die Kugel sitzt, die Sie
mir durch die Brust geschossen haben!" Keudell,
ganz erschüttert, bittet um den Brief und um
Verzeihung. „So, nun ist alles weggewischt,"
sagt Bismarck. „Aber wenn Sie wieder einmal
anderer Ansicht sind, so schreiben Sie nicht,
sondern reden Sie!"

Dies ist Bismarck, gleichgültig gegen sieben
ihm fremde, aber mächtige Minister, aber in
der Tiefe empört über einen machtlosen Sekretär,
der ihn kennen mußte. Er steht vor seinem Werk
und schützt es, auch gegen Meinungen.

In zwei historischen Stunden hat er dies Werk in wilder Aufregung geschützt. Ein drittes Mal zerriß ihn die Wut über seinen demokratischen Gegner.

Als am 2. April 48 in der ersten Sitzung des Vereinigten Landtages der Antrag eingebracht wird, dem Könige für seine selbstaufopfernden Zusicherungen in einer Adresse zu danken, stimmt Bismarck, der Royalist, mit Wenigen dagegen: Er könne nicht Freude und Dank über das äußern, was er mindestens für einen irrtümlichen Weg halten müsse. Die Krone habe selbst die Erde auf ihren Sarg geworfen. Wenn es wirklich gelänge, auf diesem Wege auch nur einen geordneten Zustand zu erlangen, „dann wird der Augenblick gekommen sein, wo ich dem Urheber der neuen Ordnung der Dinge meinen Dank aussprechen kann: jetzt aber ist es mir nicht möglich!" Nach diesem fünften Satze seiner Rede will er fortfahren, wird aber von einem Weinkrampf befallen und muß die Tribüne verlassen.

Am 23. Juli 66 kämpft Bismarck in Nikolsburg, während des Kriegsrates, (der Bismarcks Krankheit wegen in seinem Zimmer abgehalten wird), als einziger Zivilist gegen den König und den gesamten Generalstab, als einziger für den sofortigen Frieden. Man kennt die Gründe. „Meine Nerven widerstanden den mich Tag und Nacht ergreifenden Eindrücken nicht, ich stand schweigend auf, ging in mein anstoßendes Schlafzimmer und wurde dort von einem heftigen Weinkrampf befallen."

Dies ist Bismarck, der, nachdem er in Baden „im Schweiße seines Angesichtes" seinem Herrn

84

die Absage zum Fürstentage (August 63) ab-
gerungen, ein Service von Gläsern zerschlägt,
um seiner Erregung Luft zu machen, und
dann dem Adjutanten sagt: „Jetzt ist mir wieder
wohl!" —

Bismarck gab „einen Degenstoß für einen Nadel-
stich". Fällt ihm in Varzin irgendein hinterpom-
mersches Blättchen in die Hände, worin ein
Artikel ihn ärgert, so antwortet er in der offiziösen
„Norddeutschen" mit der heftigsten Polemik. —

In Versailles geht er abends nicht ohne Revolver
aus, „denn ich will mich zwar unter Umständen
gern ermorden lassen, möchte aber nicht unge-
rochen sterben". Garibaldi möchte er, wenn er
gefangen genommen wird, mit den Seinen durch
Berlin führen lassen, ein Plakat auf der Brust:
Italiener! Zuchthaus! Undank!

Man kennt die Kette der Bismarck-Beleidi-
gungen vor Gericht. Furchtbarer war seine Rache,
als im Jahre 75 die Äraartikel in der Kreuzzeitung
gegen ihn begannen, und Bismarck alle Abonnenten
aufforderte, dies Blatt nicht länger zu unterstützen und diejenigen Hochkonservativen, die
öffentlich an dem Blatte festzuhalten erklärten,
im Reichsanzeiger Namen für Namen nannte.

Die Feinde, gegen die er Rache schwor, sind
jene, die er haßte.

Haß und Liebe

Auf die Kunde von dem Kissinger Attentat tele-
graphierte der Kaiser dem Kanzler: er solle
Trost im Rückblick auf seine ruhmvolle Vergangen-

heit finden, die ihm „Buben zu Feinden, Männer zu Freunden gemacht hat".

Das war nur in der zweiten Antithese richtig. Bismarck hatte auch Männer zu Feinden. Freilich ist es für sein Wesen und sein Werk unvergleichlich merkwürdig, daß er, wie Napoleon, nie einen ebenbürtigen Gegner fand. Aber in Napoleon zuckte zuweilen ein geheimer Wunsch danach, weil er ehrgeizig war und weil er den Kampf als solchen geliebt hat. Bismarck hat diesen Wunsch wohl nie gefühlt, denn er war weder ehrgeizig, noch liebte er den Kampf ohne Frage: er liebte — noch einmal — im Gegensatz zu Napoleon einzig und allein sein Werk.

Daß er selbst gehaßt wurde, hat ihn beflügelt, und mit einem ungewöhnlichen Schwung ruft er im Jahre 74 der Kammer zu: „Gehen Sie von der Garonne bis zur Weichsel, vom Belt bis zur Tiber, suchen Sie an den heimischen Strömen der Oder und des Rheins umher, so werden Sie finden, daß ich im Augenblicke wohl die am stärksten und, ich behaupte stolz, die am besten gehaßte Persönlichkeit in diesem Lande bin." Und beißend setzt er hinzu: „Ich freue mich, daß der Herr Vorredner durch Kopfnicken mir das bestätigt." Dagegen ließ ihn jene Popularität, die dem Haß von 62—66 nach den Kriegen folgte, ganz kalt.

Schon im Jahre 63 hatte er wegen seiner Polenpolitik aus Warschau ein Todesurteil und aus der Nähe von Thorn ein Kästchen erhalten, in dem ein Strang mit schwarzweißer Schleife lag.

Und noch 30 Jahre später erinnert er sich, daß damals ein Ortsgericht die Schwere einer öffent-

86

lich gegen ihn geschleuderten Beleidigung zwar
zugab, aber die Minimalstrafe von 10 Talern
mit der Begründung verhängte, daß er „doch
wirklich ein übler Minister wäre".

Daß ihn das alles erhob, war nicht ein „oderint
dum metuant", auch nicht die Freude des Misan-
thropen, seine Grundstimmung bestätigt zu sehen,
es war Dämonie, — jene Dämonie, deren Wider-
spiele wir später beobachten.

Fruchtbar aber war vor allem in ihm die Fähigkeit, selbst zu hassen. „Haß ist ein ebenso großer
Sporn zum Leben wie Liebe. Mein Leben erhalten und verschönern zwei Dinge: Meine Frau
und Windthorst!"

Das ist mehr als ein bon mot, es ist die ty-
pische Wendung des Problematikers, der instinktiv
jede, auch die zerstörende Leidenschaft in sich
fruchtbar macht, weil er überall den Schlüssel
zu einem unendlichen Lebensgefühl sucht und
nicht müde wird, im Widerstreit mit sich selbst
an einem Tor zu rütteln, das heiteren, eindeutigen
Naturen am ersten Morgen von selbst sich öffnete.

So haßt Bismarck, nicht um sich an dem Ge-
haßten zu messen, sondern um der Emotion, um
der Hingabe willen, wie er liebt: ein schwarzer
und ein weißer Magier zugleich.

Es ist nicht verbürgt, daß er eines Morgens auf
die Frage, wie er geschlafen habe, antwortete:
„Gar nicht. Ich habe die ganze Nacht gehaßt."
Gewiß ist nur, daß Bismarck diese Nacht also recht
gut verbracht hätte.

Man darf nicht grübeln, ob sein Haß seinem
Gehaßtsein entspringt oder umgekehrt, wer also

zu hassen angefangen: er oder die Welt. Es genügt
zu wissen, daß er, wo er zu hassen angefangen, zu
hassen niemals aufgehört. Bismarck war, wie alle
Starken, unversöhnlich.

Er hat seine Feinde in solche erster und zweiter
Klasse geschieden. Man könnte mit einer dritten
Klasse beginnen: Mit denen, gegen die er sich
wehren mußte, hier öffentlich, dort privat, weil
sie ihm gleichgestellt waren: die Parlamente und
seine Kollegen.

Die Parlamente hat er meist beißend behandelt, höflich verachtend: „Wenn ich so
wenig von der Welt wüßte, wie der Herr Vorredner, so würde ich überhaupt weniger oder
weniger zuversichtlich reden." Oder: „Die kon-
stitutionelle Hausmeierei, die der Abgeordnete
Mommsen mit einer für einen so angesehenen
Geschichtsschreiber ungewöhnlichen Feindschaft
gegen die Wahrheit mir vorwirft, — ich kann nur
annehmen, daß die Vertiefung in die Zeiten, die
2000 Jahre hinter uns liegen, diesem ausgezeichne-
ten Gelehrten den Blick für die sonnenbeschienene
Gegenwart getrübt hat..." Oder, auf einen
Pfuiruf, improvisierend: „Pfui ist ein Ausdruck
des Ekels und der Verachtung. Meine Herren,
glauben Sie nicht, daß mir solche Gefühle fern-
liegen. Ich bin nur zu höflich, sie auszusprechen."

Das sind die Proben.

Seine Kollegen, die er meist haßte, wenn er
sie nicht verachtete, denen er aber in den Sitzungen
höflich begegnen mußte, sind nach der Sitzung
Gegenstand seiner Moquerie, in die, wie in Spitzen,
sein Unmut ausläuft. Er betont dann gern ihre

Abnormitäten, die vorgeschobene Lippe des einen oder den überlangen Bart des andern.

Unter die Feinde zweiter Klasse gehören die Männer, von denen er im Jahre 49 zu Beust sagte: „Wenn ich einen Feind in der Gewalt habe, muß ich ihn vernichten." Sie hat er vernichtet, bürgerlich, gesellschaftlich. Gegen den Augustenburger, mit dem er seit 64 zerfallen ist, bleibt sein Haß so lebendig, daß, als ihm dieser Herzog ohne Land im französischen Kriege plötzlich begegnet, ohne von ihm in bayrischer Uniform erkannt zu werden, und „meuchlings eine Hand abschwindelt", Bismarck dieser Erzählung die Worte hinzufügt: „Aber ich lasse mir meine Hand bei nächster Gelegenheit von ihm wiedergeben."

Dahin gehört unter Anderen Edwin von Manteuffel, den er, weil er im Jahre 79 den Kaiser gegen Bismarcks Warnung zur Zusammenkunft mit dem Zaren beredet hat, vier Wochen später „in die Verbannung" nach Straßburg schickt, wo seine Fehler weniger verhängnisvoll sein mögen, als eine weitere Beeinflussung des Kaisers.

Oder von Vincke, mit dem er sich auf Tod und Leben duelliert. Als er ihn durch den Dampf aufrecht stehen sieht, hat er „eine Empfindung des Mißbehagens: die Ermäßigung der Forderung (auf einen Schuß) war mir verdrießlich", und er „hätte das Gefecht gern fortgesetzt".

Bismarck hätte nach seinem Naturell Den hassen müssen, der ihn besiegt hätte. Den aber gab es nicht, denn im Kulturkampf lagen die Dinge unpersönlich. Jenen Göttinger Kommilitonen aber, der ihm die berühmte einzige Schramme versetzt

hat, fragt er, als er ihm nach vier Jahrzehnten unter
Hunderten wiederbegegnet, sofort: „Sind Sie —
Der?" Als jener, auf die Schramme hingewiesen,
lächelnd bejaht, behauptet Bismarck, Gründer
und Kanzler des Deutschen Reiches, mit Leb-
haftigkeit, der Hieb vor 40 Jahren wäre ein „Sau-
hieb" gewesen. Der andere erwidert ruhig: „Das
haben Durchlaucht schon damals gesagt, aber das
Paukbuch beweist das Gegenteil." Diesen Mann
hat Bismarck gehaßt und er gehört gewiß eigentlich in eine Klasse für sich.

Seine Feinde erster Klasse, — das waren Menschen, deren Geist oder deren Einfluß er sehr
hoch schätzte und die es mit diesem Geist und
Einfluß darauf anlegten und prinzipiell imstande
gewesen wären, ihn großen Stiles zu stürzen. Sie
heißen Windthorst, Arnim und Augusta.

Unter dem „Gattungsbegriff Windthorst" verstand er Richter und Virchow mit. Doch hat er
die Gaben dieser Männer wohl weniger geschätzt
und gefürchtet als Windthorsts. Auch ist er,
wenn man den Kulturkampf durchaus personifi-
zieren will, der einzige, der Bismarck einmal besiegt hat: ihn haßte er darum tiefer. Gegen ihn
hat er gekämpft, mit ihm hat er paktiert, wie man
mit großen Gegnern verfährt, immer hat er
mit ihm gerechnet. Und doch ist nichts bezeich-
nender für die Tiefe seiner hassenden Leidenschaft,
als daß er ihm aus allen schweren Kämpfen am
meisten das eine nachgetragen, daß er nach dem
Kullmannschen Attentat auf Bismarck gesagt hat:
Wer sich so benimmt, der darf sich über solche
Folgen nicht zu sehr wundern! Noch 14 Jahre

90

später, als 74 jähriger Greis hat Bismarck im Reichstag, dies zitierend, geäußert: „Wem mein Leben und meine Gesundheit so vollständig gleichgültig ist, der macht mir damit immer Eindruck. Ich vergesse ihm das nie!"

In seinen Memoiren beginnt Bismarck das Kapitel „Intrigen" wie einen Roman: „Graf Harry Arnim vertrug wenig Wein und sagte mir einmal nach einem Frühstücksglase: ‚In jedem Vordermann in der Karriere sehe ich einen persönlichen Feind und behandle ihn dementsprechend. Nur darf er es nicht merken, solange er mein Vorgesetzter ist.' Es war das in der Zeit, als er aus Rom zurückgekommen, durch eine italienische Amme seines Sohnes in Rot und Gold Aufsehen auf den Promenaden erregte und in politischen Gesprächen gern Macchiavell zitierte. Er posierte damals in der Rolle eines Ehrgeizigen, der keine Skrupel kannte, spielte hinreißend Klavier und war vermöge seiner Schönheit und Gewandtheit gefährlich für die Damen. Diese Gewandtheit auszubilden hatte er frühzeitig begonnen, indem er als Schüler des Neustettiner Gymnasiums von den Damen einer wandernden Schauspielertruppe sich in die Lehre nehmen ließ und das mangelnde Orchester am Klavier ersetzte."

Man möchte das ganze Kapitel zitieren. Nie ist geistreicher der Haß eines Mächtigen gegen einen begabten aber verworrenen Nebenbuhler, nie gewandter die größere gegen die geringere Macht geworfen worden.

Man kennt die Geschichte dieser Feindschaft. Bismarck hat ihn vernichtet. Arnims Freunde zeihen

hat, fragt er, als er ihn
Hunderten wiederbeg
Der?" Als jener, auf
lächelnd bejaht, beha
und Kanzler des Deu
haftigkeit, der Hieb vor
hieb" gewesen. Der and
haben Durchlaucht schon
Paukbuch beweist das G
hat Bismarck gehaßt und
lich in eine Klasse für sich
Seine Feinde erster Klass
schen, deren Geist oder d
hoch schätzte und die es m
Einfluß darauf anlegten und
gewesen wären, ihn großen S
heißen Windthorst, Arnim un
Unter dem „Gattungsbegriff
stand er Richter und Virchow
die Gaben dieser Männer wohl
und gefürchtet als Windthorst
wenn man den Kulturkampf dur
zieren will, der einzige, der Bism
siegt hat: ihn haßte er darum tie
hat er gekämpft, mit ihm hat er pa
mit großen Gegnern verfährt, i
mit ihm gerechnet. Und doch ist n
nender für die Tiefe seiner hassenden
als daß er ihm aus allen schweren
meisten das eine nachgetragen, daß
Kullmannschen Attentat auf Bismarc
Wer sich so benimmt, der darf sic'
Folgen nicht zu sehr wu

später, als 74jähriger Greis hat Bismarck im Reichstag, dies zitierend, geäußert: „Wem mein Leben und meine Gesundheit so vollständig gleichgültig ist, der macht mir damit immer Eindruck. Ich vergesse ihm das nie!"

In seinen Memoiren beginnt Bismarck das Kapitel „Intrigen" wie einen Roman: „Graf Harry Arnim vertrug wenig Wein und sagte mir einmal nach einem Frühstücksglase: ‚In jedem Vordermann in der Karriere sehe ich einen persönlichen Feind und behandle ihn dementsprechend. Nur darf er es nicht merken, solange er mein Vorgesetzter ist.' Es war das in der Zeit, als er aus Rom zurückgekommen, durch eine italienische Amme seines Sohnes in Rot und Gold Aufsehen auf den Promenaden erregte und in politischen Gesprächen gern Macchiavell zitierte. Er posierte damals in der Rolle eines Ehrgeizigen, der keine Skrupel kannte, spielte hinreißend Klavier und war vermöge seiner Schönheit und Gewandtheit gefährlich für die Damen. Diese Gewandtheit auszubilden hatte er frühzeitig begonnen, indem er als Schüler des Neustettiner Gymnasiums von den Damen einer wandernden Schauspielertruppe sich in die Lehre nehmen ließ und das mangelnde Orchester am Klavier ersetzte."

Man möchte das ganze Kapitel zitieren. Nie geistreicher der Haß eines Mächtigen gegen begabten aber verworrenen Nebenbuhler, dter die größere gegen die geringere worden.

eschichte dieser Feindschaft.

htet. Arnims Freunde zeihen

Bismarck des Frevels an ihm. Die Geschichte beweist das Gegenteil. Aber selbst wenn Bismarck über die Grenzen des Rechtes hinausgegangen und mit allen Mitteln den Nebenbuhler zu beseitigen entschlossen gewesen wäre, könnte man in diesem Kampf des Hasses gegen die Verleumdung nur die gesunde Reaktion einer Psyche erblicken, die, alle Angriffe von vorn zurückzuschlagen bereit, allen Angriffen von rückwärts mit der Wut eines Tieres zusprang. Darüber hinaus ist einfach zu konstatieren, daß Arnim der Schwächere blieb und statt Kanzler zu werden, wie er erstrebt, zu Zuchthaus verurteilt wurde, dem er sich durch die Flucht entzog. Wär' es geglückt, so wäre es auch verziehn. Daß sein Anschlag mißglückte, war sein Verbrechen.

Augusta hieß der einzige Feind Bismarcks, dessen er sich nicht erwehren durfte. Sie war darum der gefährlichste. Sie war Dame, Königin und Gemahlin seines Königs: drei Eigenschaften, die ihn außer Gefecht setzten. Wie fing er es an?

Man hört darüber nichts direkt, denn in Gesprächen, die verraten, und in Briefen, die aufgefangen werden konnten, sieht er sich vor. Nur aus jenen Memoiren, in denen der Überlebende Gericht hält, lugt der Haß aus manchem Blatt hervor. Er umhegt ihn mit spürsinnigen Sarkasmen, voll psychologischer Schlupfwinkel und Untiefen.

Auf den Bällen Friedrich Wilhelms III., wo er die junge Frau zum ersten Male sieht, läßt er sie unter den Tänzern solche Diplomaten bevorzugen, die mehr für die Unterhaltung als den

Tanz begabt waren: gerade diese müssen die Glätte des Parketts versuchen. Mit psychologisch feiner Verschlingung leitet er ihre Vorliebe für alles Katholische, wogegen er selbst eine wahrhaft unüberwindliche Antipathie hegt, von der Anziehungskraft alles Ausländischen auf die Kleinstädterin ab und fügt hinzu: „Es war zur Zeit Friedrich Wilhelms III. eine interessante Unterbrechung der Einförmigkeit, wenn jemand katholisch war."

Er sagt ihr Furchtsamkeit nach, die er aber weiblich berechtigt nennt, ohne dies selbst zu glauben, ferner Mangel an Nationalgefühl ohne Einschränkung und schließt: „Man hat mir erzählt, daß die Königin Augusta ihren Gemahl vor seiner Abreise von Ems nach Berlin mit Tränen beschworen habe, den Krieg zu verhüten im Gedanken an Jena und Tilsit. Ich halte diese Angabe für glaubwürdig, bis auf die Tränen."

Diese Frau war die einzige Macht, deren Einfluß Bismarck fürchten mußte, ohne sie vernichten zu können. „Die Politik des Alkovens" war ihm an sich verhaßt. Wie viel tiefer in einem Falle, wo, wohl auch nach seinem geheimen Urteil, die Frau dem Manne in mancher Rücksicht überlegen war. Sie hatte jederzeit des Königs Ohr, er auch: sie aber trieb Berliner Hofpolitik ohne Risiko, er europäische Politik unter der schwersten Verantwortung.

Das größte Wagnis ihres Lebens, das Gespräch in jener Stunde in den Märztagen, als sie ihren Gatten zugunsten ihres Sohnes opfern wollte, hat Bismarck, wie erwähnt, dem Könige nie mitgeteilt. Sie aber mag ihm seine Kenntnis davon nie verziehen haben: Diener, die Geheimnisse wissen, vernichtet man gern.

Bismarck hat jenen Triumph am Ende genossen, der unter Feinden, die waffenlos einander immer die Hände zu reichen verurteilt sind, der einzige ist: seine Macht hat ihre Macht, sei es auch nur um zwei Jahre, überlebt. Als er ihren letzten Brief mitteilt, von Weihnachten 88, vom Ausgang des Jahres, dessen Frühjahr den Kaiser das Leben, sie aber die Macht kostete, während der Feind in voller Macht zu blühen schien, fügt er die Worte hinzu: „Die Unterschrift ist eigenhändig, aber sehr verschieden von den festen Zügen, in denen die Kaiserin früher zu schreiben pflegte."

Stumm zittert darin ein Triumph. Er fühlt: Ich habe dich dennoch besiegt! —

In sechzig Jahren, zwischen 20 und 80, hat Bismarck keinen Freund erworben. Einen einzigen gewann er 29 jährig, verlor ihn aber in späteren Zeiten. Es war Moritz von Blankenburg. Er war ihm mehr Vermittler als intuitiver Freund, mehr Bote, Werkzeug. Er regte in ihm jene Sammlung an, die der 32 jährige vollendete. In ihm liebte Bismarck die Idee, die er ihm übergab. Er war ihm die Personifikation des Kreises der Gläubigen, deren liebliche Hüterin, des Freundes Braut Marie von Thadden er mit leicht erotischer Inbrunst verehrte.

Es ist einfach, ihr Zerwürfnis später politisch zu begründen. Es ist sogar richtig, darum aber nicht minder oberflächlich. Die Wahrheit ist: Blankenburg war ein dunkler, komplizierter Charakter, ein Problematiker, eine Natur ähnlich der Bismarcks, die dieser deshalb instinktiv zu intimem, dauerndem, unbefangenem Umgang mied und mit der er schließlich sich aufrieb und zerfiel. Wäre ihre Neigung eine ganz unsachliche, grundlose gewesen, die Politik hätte sie in vorgeschrittenen Jahren zu trennen nicht vermocht. Und doch sind dem ergrauten Bismarck, nach dem Bericht eines Zeugen, am Morgen nach dem entscheidenden Auftritt die Tränen über die Backen gelaufen.

Unter seinen Mitarbeitern war höchstens Roon sein Freund zu nennen, eine gerade, kluge, unzweideutige Natur, der aber gegen Lebensende sich Bismarck infolge von Intrigen mehr entfremdete.

Es ist überhaupt auffallend, daß dieser Mann unter den Tausenden, die ihn umwarben, weil er die Macht besaß, keinen fand, den er gern an sich gezogen hätte. Auch Keudell, der Künstler, ihm sehr vertraut, ward dennoch nie sein Freund und wurde ihm später fremd.

Die Gründe für dies Phänomen mag man in steigender Misanthropie, Enttäuschung und Vorsicht, in wachsender Verachtung egoistischer Antriebe sehen. Tiefer noch in dem Genügen des Verschlossenen, sich einem einzigen völlig zu eröffnen. Das war seine Gefährtin.

Die Menschen, die Bismarck außer Frau, Kindern und dem König wirklich liebte und nie verlor, waren drei: die Schwester, Keyserling und Motley. Sie alle haben mit Frau und König einen gemeinsamen Zug: es sind unproblematische Menschen, ihre Heiterkeit, Zufriedenheit, Eindeutigkeit, das Bruchlose zog den dunklen, unzufriedenen, dualistischen Mann an, — zuerst unbewußt, später wohl festgehalten im Bewußtsein dieser Grundverschiedenheit. Er liebte den ersten und verwarf den zweiten Teil des Wortes: Les extrêmes se touchent, mais ils se brisent. „Die Gegensätze gehören zusammen, schrieb er der Braut, wie das starre Siegel auf das weiche Wachs. Gleichartige Charaktere stoßen sich ab oder langweilen sich, denn bei diesen trifft Ecke auf Ecke und Lücke auf Lücke, ohne einander durchdringen zu können."

Bismarck liebte auch seinen Vater, während ihm die Mutter recht fremd blieb. Aber er verlor ihn in guten Jahren und er lernte ihn noch viel rascher übersehen. Reisend schreibt er ihm im Ton eines reifen Mannes an einen jungen Menschen, dessen Interessen er berücksichtigt. Es war ein skrupelfreier Reiteroffizier.

Mehr zog ihn die Schwester an, diese weltliche, heitere, liebenswerte Frau umgibt er mit seiner Liebe Jahrzehnte lang ohne Minderung, ohne ihr aber tiefere Aufschlüsse über seine Natur, seine Einsichten, seine Pläne je zu geben. Dies ist überhaupt seine Art des Umgangs mit den wenigen Erlesenen: er liebt sie um ihrer selbst willen, er will nichts von ihnen, nicht einmal sich vor ihnen erleichtern.

So hielt er es mit den beiden Herzensfreunden. (Beide waren Ausländer.)

Graf Keyserling, Studienfreund aus Göttingen: ein Mann von großer Bildung, vielem Geist, liebenswert durchaus, platonischer Freund der Steine, dabei Autorität als forschender Paläontologe, Liebhaber der Natur, Epikuräer aus Erfahrung,

Aristokrat, dabei bescheiden, frisch, heiter, zufrieden: ein Mann in gefestigter Resignation, der Art, wie wir Bismarck verließen. So besaß er neben jenem Grundkolorit der Klarheit der Gefühle, das Bismarck überall aufspürte, alle Eigenschaften, die aus dem instinktiv geliebten Wesen einen Mann des Umgangs für seinen Geist, seine Skepsis und seine Formen schaffen konnten.

Es ist der Mann, der in einem Brief an Bismarck vom Jahre 55 sich darstellt als ein Mensch, freilich „für tausende längst verstorbener, höchst interessanter, urweltlicher Bestien interessiert", andererseits aber seine Mitmenschen betrachtend, „unter denen, nicht zu leugnen, recht langweilige. Wäre nicht die Notwendigkeit des schnöden Gewerbes und Erwerbes hinzugetreten, ich hätte mich nicht entschlossen, die im Capua der Gedankenwelt verwöhnten Hände an die rauhe Wirklichkeit zu legen". Er habe sich aber gebessert. „Meine Frau hält jetzt sehr viel von mir, meine Bauern sind unter meiner Regierung zufriedener als zuvor, ich habe zwei Kinder, erziehe vortreffliche Pferde, feine Schafe, edle Schweine und mittelmäßige Rinder; steigere den Ertrag von Feldern und Wiesen durch Be- und Entwässerung, habe die Frone abgelöset und mich zum Präsidenten des Esthländischen Vereins der Landwirte aufgeworfen. Ich spreche in meinem Hause Recht über die tausend Menschen meines Kirchspiels, der Pastor schreibt es auf. Auf dem Landtag hört man mich, und ich sitze im Rat der Männer von Reval. Im Kleinen habe ich auch erfahren, daß Politik dasjenige Gebiet ist, auf dem mit dem größten Aufwande von Charakter und Geist das geringste produziert wird."

Ein Bild von Bismarcks möglichem Schicksal, gestaltet von einem Manne ohne Genialität, der darum nicht dreißig, sondern siebzig Jahre in dieser Weise leben konnte. Man hört ein wahres Kompendium des männlich Resignierten, aber man spürt durch alle Skepsis und alles Lächeln hindurch eine Freiheit und Unbefangenheit, die Bismarck nie besaß.

Der dritte und, man ist versucht zu sagen, reinste Freund Bismarcks ist John Lothrop Motley, amerikanischer Gesandter in London, Wien und im Haag, Verfasser einer Geschichte Hollands usw. Auch er, wie Keyserling, sein Freund mit 17 und noch mit 70 Jahren.

Bismarck hat eine grundlose Vorliebe für die Amerikaner wiederholt bekannt. Motley ist der ideale Typus des freien, ruhigen, klugen Amerikaners. In Frankfurt sehen sie sich nach 20 jähriger Trennung wieder. Beide sind nun Gesandte. Aber es ist durchaus nicht Gemeinsamkeit der Interessen, die sie fesselt. Man muß, um die freie Kindlichkeit dieses Freundschaftsgefühls in Bismarck zu spüren, seine Briefe an Motley lesen. Er wird nicht müde ihn einzuladen, dieser Menschenfeind. Im Jahre 63 schreibt er ihm: „I never pass by old Logierhaus in the Friedrichstraße, without looking up at the window that used to be ornamented by a pair of red slippers sustained on the wall by the feet of a gentleman sitting in the Yankee way, his head below and out of sight." „When just going to bed in this moment," schreibt er ihm im Jahre 64 eines Nachts plötz-

98

lich, „my eye met with yours on your portrait, and I curtailled the ‚sweet restorer‘ sleep, in order to remind you of Auld Long Syne. Why do you never come to Berlin? My wife and I should be so happy to see you once more in this sullen life. I swear, that I will drink a bottle with you at Gerold’s, where the yonce would not allow you put your slender legs upon a chair." — 69: „Meine Frau, Tochter, ich und Söhne würden uns kindisch freuen, und wir wollen dann wieder einmal ganz so lustig sein wie in alten Zeiten. Ich selbst kann augenblicklich nicht reisen (von Varzin), ohne alle Gründe umzustoßen, aus denen ich Urlaub habe. Sonst sucht’ ich Dich auf, um Dich hier in die Backwoods abzuholen, aber bitte, komm, wirf alle Sorgen und Gedanken hinter den Ofen, mach’ uns die Freude. Ich bin in den Gedanken schon so eingelebt, daß ich krank werde, wenn Du Nein sagst, und das würde den übelsten Einfluß auf die ganze Politik haben." Bald darauf: „Dann wollen wir uns einander wieder einmal im Logierhaus an eine Schachpartie setzen und darüber streiten, ob Byron und Goethe in Vergleich zu stellen sind." Als der Freund nach drei Jahren endlich zusagt, beschreibt ihm Bismarck ganz genau die Route von Berlin nach Varzin, gibt selbst die Abfahrtsstunde des Zuges an, die Dauer der Wagenfahrt vom Hotel zum Stettiner Bahnhof und heißt ihn „tausendmal willkommen!"

Wo findet sich sonst dieser Ton? Welch reizendes Tempo, welche Freude, den heiteren, klugen, hellen Mann zu sehn! Nie hat er seinen Namen, wie er sagt, seiner Frau ohne ein freundliches

Lächeln genannt. Nicht Studentenerinnerungen, sondern Rückblicke auf den sicheren, ungetrübten, burlesken Geist des Amerikaners bewegen das dunkle, umhergetriebene Gemüt des Genius.

Und so liebte Bismarck seinen König.

Und so liebte Bismarck seine Frau.

Johanna von Puttkamer war so zart, schlicht, klar, wie ihr Gatte stark, dualistisch, dämonisch. Man hat wohl gesagt, der „kalte Bismarck" liebte seine Frau nur, weil er sie beherrschte. Die Wahrheit ist, daß, so ergeben sie ihm war, Er immer der Erstaunte, Bewundernde, Erfrischte blieb in dieser Gemeinschaft. Hätten sie einander jung verloren: sie wäre ihm aus Trauer, er aber wäre ihr aus völliger Umnachtung der Seele nachgestorben. Er gewann sie als Zeichen einer kristallenen Welt, sie war ihm die Gewähr, deren er bedurfte, um sich in besonnene Resignation zu schicken. Um wie viel heftiger hielt er sich an sie, da er in alle Stürme aufgetrieben wurde. „Ich fürchte, ich würde nichts werden, was Gott gefällt, wenn ich Dich nicht hätte. Du bist mein Anker an der guten Seite des Ufers; reißt der, so sei Gott meiner Seele gnädig", schreibt er ihr nach vierjähriger Ehe.

Er glaubt an dieses unerschütterliche Wesen, dem allein er auf den Grund sieht, durch sie erhält er sich in jener Flut von Kräften und Gegenkräften, denen diese Seele ausgesetzt ist. Es ist, als wollte dieser Mann, den sein Dämon zwang, mit jeder Härte an seinem Werk zu schaffen, an diesem Einen Mitmenschen sich selbst beweisen, daß solche Taten in ihm die Fähigkeit sich hinzugeben nicht zerstörten. Auf dieses Wesen mit

den schwarzen Augen konnte er immer ohne Erschütterung blicken. Sie hatte einen hellen Verstand und manches kluge Wort konnte sie ihm
raten. Aber eine Frau von Geist, eine politische
Frau, eine Mitarbeiterin wäre nicht allein seinem
Eigenwillen unerträglich gewesen: sie hatte statt
dessen eine Mission zu erfüllen, die viel tiefer
wirkte: Sie hatte dem Genius Gewähr zu bieten.

Dafür ist seine Hingabe ohne Grenzen. Es ist
nicht ein Bräutigam, sondern ein Mann im dritten
Ehejahr und Vater, nicht ein zurückgezogener
Landjunker oder Forscher, es ist ein Mann im
Trubel der Berliner Politik, der schreibt: „42 Stunden sind wir erst getrennt, und mir scheint, daß
es eine Woche her ist, seit ich Dich zwischen den
Kieferbüschen auf dem Berg stehen sah und mir
zuwinken. Es war, glaube ich, das erstemal seit
den Schulferienzeiten, das mir eine Abschiedsträne
kostete.“ Immer schwebt sie ihm in dem Treiben
vor „so blaß und mit ganz großen Augen“.
Stets schreibt er zuerst, wie er sich ängstige, daß
sie ihm vier Tage nicht geschrieben; dann erst,
daß er gestern beim König zur Tafel war und die
Herrschaften sehr gnädig. Im vierten Ehejahr:
„Mein Engel, ich bange mich so sehr, daß ich es
kaum aushalte, ich habe die größte Lust, der
Regierung sofort meinen Abschied zu melden,
den Deich laufen zu lassen und zu Dir zu fahren.
Was ist mir Schönhausen ohne Dich. Öde Schlaf-
stuben, die leeren Wiegen mit den Bettchen drin,
die ganze lautlose herbstnebliche Stille, es ist,
als ob ihr alle tot wärt. Ich muß früher ein ganz
anderer Mensch gewesen sein, daß ich es immer aus-

gehalten habe." Im nächsten Jahr: „Dein Brief kam gestern Abend, und ich wurde so traurig und sehnsuchtskrank, daß ich weinen mußte, wie ich im Bett lag, und Gott recht innig bitten, daß er mir Kraft gäbe, meine Pflicht zu tun."

Er weiß, daß er alle Hingabe auf sie allein wirft: „Das ist wohl auch der Grund, warum ich allen außer Dir kalt erscheine, auch Muttern." Dieser starke Mann zittert vor der Möglichkeit des Verlustes. Hätte er sie nach zehnjähriger Ehe verloren, er hätte sein Werk gewiß nicht unternommen. Nicht etwa, weil sie, nach Art der Gefährtinnen großer Künstler, ihn dazu durch ihren Glauben gestärkt und befeuert hätte: er brauchte zu seinem Werke keinen Glauben als den eigenen. Sondern weil sie dem im Spiel der inneren Kräfte aufgeriebenen Mann eine Gewähr, dem Skeptiker einen Halt, dem Melancholiker einen Hafen, dem Verächter das einzige Positive bot. Zunächst aber, weil er bei jeder Trennung von ihr von neuem Haß gegen die Welt erfüllt und von neuem weltflüchtig gestimmt wurde.

Schreibt sie ihm fünf oder acht Tage nicht, so ergeht er sich in den schrecklichsten Kombinationen, setzt sich ans verglimmende Kaminfeuer und durchdenkt alle Möglichkeiten von Krankheit und Tod. „Mein Liebchen, erbarm' Dich und schreibe mir, nur zwei Zeilen, daß ihr lebt und gesund oder krank seid, aber greife Deine Augen nicht an und schreibe nicht bei Licht. Ich bin in einer kindischen Angst." Wo ist der Mann geblieben, der so furchtbar befehlen konnte?

Er horcht, wenn er allein ist, wohl auf den

102

Kuckuck im Walde und fragt, nicht wie lange er, sondern wie lange sie noch zusammenleben werden. Oder er sitzt beim alten Metternich, der ohne Unterbrechung erzählt „von 1788—1848" und bekämpft seine schwermütige Zerstreutheit, die über die Gründe eines zufälligen Schweigens seiner Frau grübelt, mit dem besten Johannisberger.

Es ist im 8. Ehejahr, daß er sich die monatelange Ungnade Friedrich Wilhelms dadurch zuzieht, daß er trotz dessen wiederholter Bitte dazubleiben zu seiner Frau abreist, die leicht erkrankt ist.

Als er nach 12jähriger Ehe einen Tag von ihr fort ist, fühlt er „wehe Sehnsucht" nach ihr. Nach 21jähriger Ehe, in der Kulmination seiner Arbeit: „Ich bin der Trennung so entwöhnt, daß ich es gräßlich hier finde und die Stunden zähle, bis ihr wiederkommt."

In Versailles, inmitten der schwierigsten Verhandlungen nach zwei Seiten, sucht er ihr abends Schneeglöckchen im Garten, um sie ihr zu senden. Und nach 40jähriger Ehe hat sich nur der Stil geändert, wenn er aus Varzin seine plötzliche Rückkunft telegraphisch mit den Worten meldet: „Ohne Pferde und ohne Frau halte ich es hier nicht länger aus."

Es gibt keine Rücksicht, die er ihr nicht erwiese. Als auf einer Rheinfahrt seine Frau von den königlichen Damen nicht angesprochen wird, geht er, obwohl Prinz Wilhelm sie ostentativ zu Tische führt, mit ihr fort und sie reisen allein weiter. Denn er fühlt eine Demütigung seiner Frau „schärfer als alles, was mir selbst passieren könnte".

Am 7. Mai 66 kommt er wie gewöhnlich nach 5 Uhr aus dem Palais, hält sich aber längere Zeit als sonst in seinem Kabinett auf und betritt verspätet mit einer Entschuldigung den Salon. Ehe man sich zu Tisch setzt, küßt er seine Frau auf die Stirn und sagt: „Erschrick nicht, mein Herz, es hat jemand auf mich geschossen, ich bin aber durch Gottes Gnade unversehrt geblieben." Das Attentat Unter den Linden ist seit einer Stunde ganz Berlin bekannt, er hat schweigend dem König Bericht geschrieben, dann erst vor Tische teilt er es schonend seiner Frau mit. Es war die höchste Zeit: kurz darauf tritt der König ein, alle Prinzen und Minister, um ihn zu beglückwünschen.

Zutiefst ist es jene Gewähr des guten Ufers, die solche Hingabe erklärt. Seit er sich aber wider Erwarten in die Welt gezogen fühlt, ist es auch mehr und mehr das Ziel des Weltflüchtigen, das sie ihm darstellt. Immer wieder taucht aus seinen Briefen das Wort vom „süß bekannten Ton im schmerzlichen Gewühle" auf. „Ich sehne mich recht, Dir die Torheiten der Menschen zu klagen." Dies Wort gibt den Schlüssel zu hundert Gesprächen, die niemand gehört, die aber dieser einsame und dennoch ausstrahlende Geist mit einem einzigen Menschen führen mußte. „Du mußt in den Winter der großen Welt: woran soll ich mich sonst wärmen ... um in der fremden Welt eine Stelle für mein Herz zu haben." Dann preist er das Glück im Haus, im Kampf mit den Kränkungen der Politik und sagt: „Es ist besser auf der Straße zu frieren, als im eigenen Hause." —

„Ich bin recht froh," schreibt er nach der Ge-

burt des Mädchens, „daß das erste eine Tochter
ist. Aber wenn es auch eine Katze gewesen wäre,
so hätte ich doch Gott auf meinen Knien gedankt,
in dem Augenblick, wo Johanna davon befreit war."

Mitten aus den Berliner Wahlkämpfen schreibt
er bald darauf drei ausführliche Briefe wegen des
Todes des Kindes der Amme: ob und wie man ihr
den Tod schonend melden soll, um nicht durch
Aufregung die Nahrung zu verschlechtern. Später
wird seine Tochter krank. „Ich bete in der Kammer und auf der Straße zu Gott, daß er uns nicht
nehmen soll, was er uns so gnädig beschert hat.
Mit der Angst um das Kind im Herzen muß ich
die verschiedenartigsten Dinge anhören und dis-
kutieren, drei verschiedenen Ausschuß-Sitzungen
beiwohnen und meine Worte genau auf die Wag-
schale legen, was mir bei der Besorgnis und Ungewißheit sehr schwer wird."

Dieser Mann, Soldat durchaus, selbst zu jeder
Stunde bereit, für sein Volk und den König zu
sterben, äußert bei Königgrätz, als er die ent-
stellten Leichen sieht, zu seinem Begleiter: „Wenn
ich daran denke, daß künftig einmal Herbert auch
so daliegen könnte, da wird mir doch schlecht."
Vier Jahre später bekommt er nachts nach Mars-
la-Tour die Meldung, Graf Herbert sei gefallen,
Graf Bill tödlich verwundet. Er läßt satteln, und
ohne ein Wort reitet er in die Nacht hinaus, kein
Reitknecht darf ihm folgen. Später erzählt er, daß
er gegen Morgen die Söhne gefunden, den einen
heil, den andern ungefährlich verletzt, und was er
angeordnet. Kein Wort von dem nächtlichen
Ritt. —

Man kann von der Betrachtung seiner hingebenden Leidenschaft nicht scheiden, ohne der stummen Freunde zu gedenken, mit denen er sich von der Studienzeit bis zum Tode, durch 70 Jahre, umgab, die er überall duldete, die er selbst fütterte und in deren Blicken noch der Greis Trost suchte, als ihn seine Gefährtin verlassen.

Es ist sehr kennzeichnend für Menschen, ob sie Hunde lieben oder verabscheuen, ob sie Katzen bevorzugen und welche Rasse von Hunden sie um sich sehen mögen. Bismarcks Doggen sind sein genaues Korrelat: Unter allen Hunden ist nur die Dogge, was Bismack war: stark und nervös, treu und gefährlich. Sie allein hat in der Tat einen problematischen Charakter. Sie sucht er sich zum Freunde aus, nicht die Jagd- und Wachhunde, die er zu ihren Zwecken benutzt. Sie allein nimmt er mit in die Stadt. Sie dient keinem Zweck. Sie ist treu und schweigt: das ist ihr Beruf.

Die Doggen durften überall sein. Während der Parlamentarischen Abende bahnen sie sich durch hundert Berühmtheiten den Weg zu ihrem Herrn, sie gehören zu ihm wie die Pfeife. Vergeblich sucht sich der König der Belgier mit Tyras anzufreunden, und nach dem berühmten Auftritt zwischen Tyras und Gortschakoff muß der deutsche Reichshund stets angebunden werden, wenn der Russische Kanzler kommt. Aus allen Briefen blicken die Namen auf, und Odin, Cyrus, Flora, Sultan, Tyras kommen in allen Memoiren vor. Ihre Köpfe schauen unter dem Schreibtisch zu Füßen des Kanzlers hervor, und als er, 70jährig, einmal en petit comité mit der Fürstin zu tanzen beginnt,

106

stürzen die großen Hunde auf sie los, wie auf einen Feind, denn sie mißverstehen die galante Erinnerung.

Als er krank und mißgestimmt ist, jedermann, auch den Arzt, anfährt, sitzt er allein am Kamin einen ganzen Arbeitstag lang und will niemand sehen als die Hunde.

Es gibt eine Szene, von einem Augenzeugen andern Tages in einem Privatbrief mitgeteilt, die man ganz erzählen muß. Aus Varzin schreibt sein Vortragender Rat, von Tiedemann, im Jahre 77: „Wir stehen hier unter dem Eindruck eines an sich unbedeutenden, aber in seinen Wirkungen tief tragischen Ereignisses ... Sultan, die große Ulmer Dogge, die noch bei Tisch von jedermann verzogen worden war, war verschwunden. Der Fürst nahm an, er sei in ein benachbartes Dorf gelaufen, wo er ein Liebesverhältnis unterhielt. Er erklärte, er werde den Hund einmal tüchtig durchprügeln . . Abends gegen 11 Uhr wird es unten lebendig. Es heißt, Sultan, der vor kurzem nach Hause gekommen sei, liege in den letzten Zügen. Unten bot sich uns ein wirklich erschütternder Anblick. Auf dem Fußboden saß der Fürst, den Kopf des sterbenden Hundes in seinem Schoß haltend. Er flüsterte ihm liebkosende Worte zu und suchte seine Tränen vor uns zu verbergen. Bald darauf starb der Hund, der Fürst erhob sich und ging in sein Zimmer, kam an diesem Abend nur für kurze Zeit wieder, um Gute Nacht zu sagen. Holstein faßte die Situation richtig in die Worte zusammen: Der Fürst hat einen Freund verloren und fühlt sich vereinsamt. Heut Morgen war es, als ob wir

uns in einem Trauerhause befänden. Der Fürst
hatte nicht geschlafen; es quälte ihn unaufhörlich
der Gedanke, daß er den Hund kurz vor seinem
Tod noch gezüchtigt hatte. Obgleich die Obduk-
tion Herzschlag ergeben hat, macht er sich immer
wieder selbstquälerische Vorwürfe. Nach dem
Frühstück stiegen wir zu Pferde, der Fürst war ein-
silbig, er suchte die Wege auf, wo sein lieber alter
Hund ihn zuletzt begleitete. So trabten wir lange
in strömendem Regen vorwärts. Er sagte zu mir,
es sei sündlich, so wie er getan, sein Herz an ein
Tier zu hängen, er habe aber nichts Lieberes auf
der Welt gehabt und müsse mit Heinrich V. sagen:
„Ich hätte einen Besseren besser missen können."
Und dann setzte er zu einem langen Galopp an,
daß Reiter und Pferde dampfend vor dem Schloß
anlangten."
  Sultan wird an einer schönen Stelle im Park
begraben. Fünf Tage später: „Der Fürst kann
noch immer nicht über den Tod seines Hundes
hinweg und namentlich darüber, daß er ihn
noch so kurz vor seinem Tode geschlagen hat.
Selbstquälerisch redet er sich immer wieder ein,
daß er hierdurch den Tod des treuen Tieres ver-
schuldet habe. Er klagt sich an als jähzornig, brutal,
der jedem Schmerz bereitet, der in Berührung
mit ihm komme. Und dann wieder macht er sich
Vorwürfe, daß er über den Tod eines Tieres so
lange und so tief trauere." Zehn Tage später: „Hier
jagt ein Malheur das andere. Es ist entdeckt worden, daß ein Verwalter des Fürsten ihn um mehr
als 20 000 M. betrogen habe. Den Fürsten alte-
rierte das in keiner Weise; er schien sich eher zu

freuen, einen Ableiter für seine Gedanken, die sich noch immer mit Sultan beschäftigen, gefunden zu haben."

Dies ist Bismarck, über dem sterbenden Hunde weinend, den er im Schoß hält, tagelang in Gedanken, ob er ihn nicht durch Schläge getötet, vereinsamt, vom andern Ufer seiner Seele angerufen, man dürfe nicht so tief um ein Tier trauern, sich selbst im Verfolg seiner Gedanken brutal und unheilvoll scheltend, — dann aber ansetzend zu einem langen Galopp, daß Pferd und Reiter dampfen.

Bismarck: hingerissen von Leidenschaften, doch irritiert durch kontrollierende Skepsis und sein Gewissen.

Gottesfurcht

Als Bismarck bereits 8 Jahre Gesandter war, schrieb sein Vorgesetzter von ihm: „Zu viel vom Idealisten für die sehr positive Kunst der Politik."

Das war unrichtig, denn ein reiner Idealist hat keine anderen als ideale Bestrebungen. Er aber erstrebte nie etwas als „das Mögliche". Aber er hatte Ideale. Sie heißen Gott, Pflicht, Vaterland.

Nichts redet deutlicher von Bismarcks innerem Dualismus, als sein Glaube. Wir bemerkten, in welchem Sinne er ihn als Zweiunddreißigjähriger ergriff. Was er von diesem Glauben im tiefsten hoffte, hat er nicht von ihm erlangt: Erlösung im Leben, nicht Erlösung nach dem Tode. „Nur Gottes Gnade kann aus den zwei Seelen in mir Eine machen." Hier wird diese Hoffnung deutlich ausgesprochen. Wenn Bismarck betete, so war es nicht der himmlische Teil, den er erflehte, sondern jene Klarheit auf Erden, die ein Geschenk des Himmels ist. „Man hat sie oder hat sie nicht."

In einem anderen Betracht deutet sich gleichfalls jene innere Zweiheit an: er suchte auch im Glauben das Unmögliche zu reimen: er war Christ und Fatalist zugleich.

Niemals war er dogmatischer Christ. Aber er war zu sehr Aristokrat, um die Bedeutung der Formen zu mißachten, und hielt sie ohne Bedenken. Als 50jähriger und später sieht man ihn, wann er immer kann, die Kirche besuchen. Das Abendmahl nimmt er bei ernsten Gelegenheiten mit den Seinen. Kommt er vom Hofball, um das Jahr 50, wo er „sehr viel kalten Champagner getrunken und viel getanzt hat", so liest er nachts erst die Zeitungen, dann seinen Psalm und schläft ein. In jenen Jahren, die seiner „Umkehr" folgten, ist die Fülle der Fragen in ihm noch ganz lebendig. Dann zögert er wohl, das Abendmahl zu nehmen, weil er sich der Feier nicht wert findet, fühlt aber „im letzten Gebet" doch noch Beruf dazu. Dies ist der 36jährige.

Später wird ihm alles dies mehr eine liebe Gewohnheit, von der er sich im Kriege nicht trennt: denn am 2. September 70 findet sein Sekretär in dem Zimmer, das er, zu Napoleon gerufen, in voller Unordnung früh um 6 verlassen mußte, die „Täglichen Losungen der Brüdergemeinde" auf dem Boden und auf dem Nachttisch die „Täglichen Erquickungen für gläubige Christen."

In Abendgesellschaften führt er Streit über die Auslegung der Augsburger Konfession, und eine natürliche Schlauheit läßt ihn seinen Wunsch, gelegentlich zu fluchen, als Christ damit begründen, daß nirgends vorgeschrieben sei, den Namen des Teufels nicht zu mißbrauchen.

Ein Zeichen des Dogmatikers wäre es, hätte er in entscheidenden Stunden Gott angerufen. Das tut er nur, wenn etwas außer seiner Beeinflussung steht: wenn Frau und Kind erkranken. Überhaupt ist er in grundlosen Liebesbeziehungen am reinsten gläubig, und es ist wohl kein Zufall, daß sein erstes entscheidendes Gebet für das Leben eines verehrten Mädchens aus ihm dringt. Er schreibt später, er bete abends „für die lieben Bälger leider mit mehr Ernst als für das Heil seiner Seele", und das ist mehr als ein Aperçu.

Wo immer aber die Entscheidungen in seiner Macht liegen, hat er den Himmel nie auch nur um Rat gefragt.

Wohl schlägt er in Momenten schweren Zweifels, beim Ausbruch jenes Krieges, den er ganz allein gemacht, die Bibel auf, doch nicht, um sie zu befragen, mehr, um sie zu versuchen, — halb Fatalist, erfreut, durch Zufall aufzuschlagen: „Ich freue mich und bin fröhlich mit Dir und lobe deinen Namen, du Allerhöchster, daß du meine Feinde hinter sich getrieben hast. Sie sind gefallen und ausgezogen vor dir. Denn du führest mein Recht und Sache aus." Auch schlägt er gelegentlich „beliebig die Schrift auf, um die Politik aus seinem sorgenvollen Herzen loszuwerden". Das ist Lebenskraft. Seine Entschlüsse ließ er durch seinen Glauben nicht verrücken. Er spürte wohl, daß alle Entschlüsse dämonischer Naturen ganz an der Oberfläche der Realität und zugleich ganz in der Tiefe des Wesens gefaßt werden.

Man ist versucht zu sagen, er war mehr Protestant als Christ. Sein Wissen von den Mächten der Welt, sein starker Verstand, seine Selbständigkeit, vor allem sein weit über die Grenze der Religion hinausragender Glaube an eigene Absolution drängen ihm den Protestantismus geradezu auf. Es klingt, als hätte es Luther selbst geschrieben, wenn man ihn am Abend des entscheidenden 13. Juli 70 ein Lied im Gesangbuche lesen, einen Eintrag über diesen bedeutungsvollen Tag machen und die plattdeutschen Worte hinzufügen sieht: „Dat walt Gott und dat kolt Isen!"

Als Protestant verdammt er auch die „reine Beschaulichkeit", die er für einen toten Glauben hält, für Quietismus namentlich der Frauen: „Das stillsitzende Harren auf den Tag des Herrn, in Glaube und Hoffnung, aber ohne das, was mir die rechte Liebe scheint." Wo die sei, fügt er sehr bedeutsam hinzu, da sei „wohl auch das Bedürfnis, sich durch Freundschaft oder durch andere Bande einem der sichtbaren Wesen anzuschließen."

Das ist die Stimmung, die ihn seine Bekehrung zur Heirat ausweiten ließ.

Vor dem Duell mit Vincke hält er eine Betstunde mit dem Prediger ab, der ihm einräumt, daß er sich duellieren darf. Aber sein Geist, verschlossene Zellen mit problematischem Spürsinn stets umkreisend, fragt nun: Darf ich auch zielen? Die Antwort, die er sich später selbst gibt, erinnert an Ritter, Tod und Teufel. Sie lautet: „Ich tat es ohne Zorn und fehlte."

In Versailles denkt er über das Pflichtgefühl des Soldaten nach, der sich einsam im Dunkeln totschießen läßt, und leitet es, ganz protestantisch, von seinem Glauben ab, „davon, daß ich weiß, daß jemand ist, der mich auch dann sieht, wenn mich der Leutnant nicht sieht". Und noch als Greis zurückblickend enthüllt er dieselbe Gewissensfrage: „Die Frage, ob das eigene Augenmaß, der politische Instinkt ihn richtig leitet, ist ziemlich gleichgültig für einen Minister, dem alle Zweifel gelöst sind, sobald er durch die königliche Unterschrift sich gedeckt fühlt, man kann sagen, einen Minister katholischer Politik, der im Besitz der Absolution ist und den die mehr protestantische Frage, ob er seine eigene Absolution besitzt, nicht bekümmert."

So faßt er den Kulturkampf auf. Er spottet einfach über die klugen Leute, die es immer gegeben habe, die behaupteten, Gottes Wille sei ihnen geheimer vertraut als der Mitwelt. Dieser Kampf ist ihm durchaus Machtfrage, nichts anderes. „Es handelt sich um die Verteidigung des Staates. Denn in dem Reiche dieser Welt hat Er das Regiment und den Vortritt."

Bismarcks Protestantismus hat eine besondere Färbung: man möchte ihn preußisch nennen. Er nennt sich Gottes Soldat, sein Amt werde er tun, „daß Gott mir den Verstand dazu gibt, ist seine Sache." Mit seinem Gott kann er in einer französischen Kirche in Frankfurt „nicht französisch reden", und ein andermal ist ihm, als habe ihm etwas „Gott auf deutsch befohlen!" „Speisen wollte ich meinen Feind schon," spintisiert er soldatisch, „aber ihn segnen, — das würde doch sehr äußerlich sein, wenn ich es überhaupt täte."

Und dies Preußengefühl ist es wohl auch zuletzt, das ihm, wie beschrieben, jene Idee vorspiegelt, sein Royalismus stamme aus seinem Glauben. Er hat ein Gefühl von Gott, König und Vaterland und setzt sie vielleicht darum zusammen.

Je älter er wird, desto seltener werden die

Äußerungen des Christen, desto häufiger die des Fatalisten.

Es gibt ein Wort von ihm, das zwischen beiden steht. Er betritt alte Stätten der Hochzeitsreise nach 19 Jahren wieder im Kriege und schreibt: „Wie wunderbar romantisch sind Gottes Wege!"

Aus seinen spätern Äußerungen klingt es, als ob es die Beschränktheit der Mitwelt wäre, die ihn immer nüchterner in der Schätzung des eigenen ingenium gemacht hätte. Aber schon im Jahre 59, als ein Krieg mit Frankreich unausbleiblich scheint, tröstet er sich plötzlich: „Es ist ja nur eine Zeitfrage, Völker und Menschen, Torheit und Weisheit, Krieg und Frieden, sie kommen und gehen wie Wasserwogen, und das Meer bleibt. Was sind unsere Staaten und ihre Macht und ihre Ehre vor Gott anderes als Ameisenhaufen und Bienenstöcke, die der Huf eines Ochsen zertritt oder das Geschick in Gestalt eines Honigbauern ereilt?" Das Credo des Fatalisten.

Als der König ihm alles Verdienst im Dänischen Kriege zuweist, schreibt Bismarck seiner Frau: „Das lernt sich bei diesem Gewerbe leicht, daß man so klug sein kann wie die Klugen dieser Welt und doch jederzeit in die nächste Minute hineingeht wie ein Kind ins Dunkle." Und zugleich seinem Schwager: „Je länger ich in der Politik arbeite, desto geringer wird mein Glaube an menschliche Rechnung."

Motley gegenüber, dem einzigen Menschen, der ihm intim vertraut und zugleich Kenner der politischen Welt ist, faßt er, fast 60jährig, Gefühl und Erfahrung dahin zusammen: er habe sich, als er noch jünger war, für einen leidlich tüchtigen Burschen gehalten. Jetzt sei er überzeugt, daß niemand irgendwelche Macht über die Ereignisse besitze, und er muß lachen, wenn man ihm sagt, er übe großen Einfluß auf die Welt. Ein Mann in seiner Stellung sei genötigt, während die anderen sich fragen, ob es morgen regnen oder die Sonne scheinen wird, schnell zu entscheiden: Es wird regnen! oder: Es wird schön sein!, um danach mit allen Kräften zu handeln. Hat er richtig geraten, so sagt alle Welt: Welche Weisheit, welche Prophetengabe! War es falsch, dann würden die alten Weiber mit Besenstielen nach ihm schlagen.

Noch als Greis, nach dem Sturz, äußert er in einer Rede, in dem Ganzen könne man nur eine besondere Vorbestimmung sehen. „Man kann die Geschichte überhaupt nicht machen, aber man kann immer aus ihr lernen."

Bismarcks Dualismus, an der Formel Christ und Fatalist aufs neue erwiesen, zeigt den nie zur Zufriedenheit sich Durchdenkenden: wie er einmal an die göttliche Gerechtigkeit, zugleich aber an absolute Vorbestimmung glaubt, als Protestant an eigene Absolution, als Fatalist an ein unbestechliches Fatum.

Aber noch tiefer blickt man an diesem Punkt in das Gewebe seiner Seele: als Fatalist glaubt er an das von Uranfang Gesetzte, als Mann der Realität verfolgt er bestimmte Ziele in der Welt im größten Stile. Der Fatalist glaubt an das Fatum, der Wirkende an sein Werk. Der Problematiker allein an beides.

Kommt er, im Bewußtsein solcher Kreuzungen, in die Verwirrung der Gefühle und spürt den toten Punkt, an dem man umdreht oder toll wird, so macht er, wieder ganz Märker, entschlossen ein Fragezeichen, wendet sein Pferd, holt zu einem „langen Galopp" aus und ruft sein Allheilwort in die Luft: „All nonsense!"

Pflicht und Vaterland

Napoleon durfte es seiner hemmungslosen Monomanie danken, daß er, ob auch ermüdet durch die Stufenleiter, doch bis zum Ziele kam. Dies Ziel, an phantastischem Unmaß weit über Bismarcks rationelles Werk sich schwingend, hatte der Rasende auf eine Höhe gesteckt, die seit zweitausend Jahren der Welt selbst theoretisch nicht erreichbar schien. In dieser freischwebenden Kraft erscheint der kleine Kaiser wahrlich wie ein Gestirn, an dessen Wirklichkeit und kaum erloschenem Licht man zu gewissen Stunden zweifeln möchte.

Bismarcks problematische Natur gab seinem dämonischen Wesen ein, sich immer wieder selbst zu kontrollieren. Die Last eines grandiosen Gewissens nahm ihm einen Teil seiner Schwungkraft und machte ihn in Augenblicken erzittern, in denen Napoleon wie eine göttliche Maschine funktionierte. Bismarck durfte den Vorwurf eines gewissenlosen Politikers, den ihm ganz Deutschland vier Jahre lang und länger machte, mit einem gewissen Neide auf die Lüge verachten.

Er rief die Feinde im Parlament auf, erst selbst einmal „ihr Gewissen auf diesem Kampfplatz zu versuchen".

Die Not der Zeit, in der er auftrat, zwang ihn, ganz allein auf der Wacht zu stehen, und sein Wille zur Macht hat ihm auch später keinen Genossen erlaubt. Um so furchtbarer lastete der Druck einer Verantwortung, die er ganz einsam zu tragen verurteilt war. Er wurde nicht müde, Beethoven anzuhören.

Aber er glaubte daran! „Wir sind nicht auf der Welt, um glücklich zu sein und zu genießen, sondern um unsere Schuldigkeit zu tun, und je weniger meine Lage eine selbstgemachte ist, um so mehr erkenne ich, daß ich das Amt versehen muß, in das ich eingesetzt bin."

Dies Pflichtgefühl allein, royalistisch spezifiziert, drängt ihn zuerst auf die Tribüne und zwingt ihm nach 15 Jahren das Portefeuille in die Hand. Dann freilich, als er, wie unvermutet, an der Stelle steht, die dem Starken ein Äquivalent an Macht verleiht, wird er von jenem großen Wunsch ergriffen, ein Werk zu tun, weit genug, um die Kräfte des Genius zu ermüden. Dann weicht wohl Pflicht, und Dämonie beginnt zu herrschen.

Doch dergleichen fließt ineinander. Aber es ist wörtlich zu verstehen, wenn der 70jährige dem Reichstag ins Gesicht wirft: „Ja, meine Herren, Sie finden das jetzt lächerlich. Sie haben nicht an meiner Stelle gestanden, Sie haben nicht Tag und Nacht das Gefühl der Verantwortlichkeit für die Geschicke des Landes umhergetragen, was mich keine Minute verlassen hat in jener Zeit, — seien Sie versichert davon!"

Gerade sein Fatalismus, ruhend auf der skeptischen Hälfte seiner Gefühle, läßt ihn die Verantwortung doppelt schwer ertragen: „Ich habe natürlich," schreibt er in seinen Memoiren, „während der Entwicklung unserer Politik nicht immer mit Sicherheit voraussehen können, ob der Weg, den ich einschlug, der richtige war, und doch war ich gezwungen so zu handeln, als ob ich die kommenden Ereignisse und die Wirkung der eigenen Entschließungen auf dieselben mit voller Klarheit voraussähe."

Daher auch sein Haß gegen jeden Nepotismus: Dieser Verantwortliche konnte nur Verstand zu Ämtern berufen, nicht die Nepoten. Seinen Sohn Herbert schlägt er zum Gesandten nicht vor, und erwähnt ihn erst, als er in der Anciennität der Sekretäre der nächste ist. Beide Söhne kämpfen den Reiterangriff von Mars-la-Tour mit Ehren mit, aber der Vater, durchdrungen vom Soldaten-Ehrgeiz nach dem Eisernen Kreuz, gibt mit keinem Laut dies dem Könige kund, den er täglich spricht. Ja, er sieht seinen zweiten Sohn im Feldzug nach zwölf Monaten noch als Einjährigen, während andere schon nach vier Wochen zum Fähnrich vorgeschlagen wurden. „Kein Nepotismus ist gewiß was Schönes," klagt er der Gattin, „aber Zurücksetzung ist doch bitter!"

Bismarck hat dieselbe Verantwortung, die er wahrhaft wie ein Atlas trug, vergebens von seinem Jahrhundert gefordert. Aus vielen Klagen hallt es zurück. Furcht vor Verantwortung schien ihm der innere Grund, warum seine Gegner die Todesstrafe ablehnten. Sie war durchaus sein prinzipieller Wunsch, und er war entschlossen, das ganze Reichsstrafgesetzbuch scheitern zu lassen, wenn sie gestrichen würde.

Dies Pflichtgefühl hatte er nur für sein Vaterland. Mit der Familie war er so verwachsen, daß ein Gefühl der Pflicht zwischen beiden nicht Platz gefunden hätte, und seinen Leuten gegenüber fühlte er als geborener Aristokrat, also von Natur, sich verpflichtet.

Man scheut sich, von Bismarcks Patriotismus zu reden, im dauernden Anblick der Denkmalsenthüllungen. Aber zum Bilde seiner Seele ist er unentbehrlich, weil er gewissermaßen das vertrat, was viele andere angetrieben und was ihm fehlte: Ehrgeiz. Napoleons Patriotismus war eine geniale Phrase, und es klang wundervoll, wenn dieser Korse die Franzosen noch sterbend apostrophierte, er wünsche an den Ufern der Seine begraben zu sein, „au milieu du peuple français que j'ai tant aimé".

Bismarcks Patriotismus schließt allein seine engere Heimat ein: er liebt nur Preußen. Das ist sehr merkwürdig: denn sein Werk hieß Deutschland. Dies Werk wollte er nur, wenn Preußen darin selbständig blieb. Jede Popularität „in Deutschland" haßt er, und schreibt die Worte zwischen Anführungsstriche.

Als junger Royalist stimmt er im Jahre 48 gegen jene Dankadresse an den König, weil dieser erklärt hat, Preußen solle künftig in Deutschland aufgehen. Der Junker schützt das Königreich Preußen vor seinem König. Als in den 50er Jahren die erbkaiserliche Partei, da ein Deutschland und ein Preußen nicht nebeneinander bestehen könnten, Preußen in unmittelbares Reichsland ohne Staatspersönlichkeit verwandeln will, lehnt Bismarck dies als Abgeordneter mit den Worten ab: „Die deutsche Einheit will ein jeder. Mit dieser Verfassung will ich sie nicht!"

Diesem Preußen ist er besinnungslos ergeben, wie seinem König, wie seiner Gefährtin. Als Abgeordneter von 5 Tagen Anciennität verteidigt er unter lautem Rufen und Murren das preußische Volk und seine Triebkräfte im Befreiungskriege, und angesichts der Revolution schreibt er gleichzeitig seiner Frau: „Ich kann mich der Tränen nicht enthalten, wenn ich denke, was aus meinem Stolz, meiner Freude, meinem Vaterlande geworden ist, das arme, tapfere, ehrliche Preußenvolk, trunken gemacht mit dem Taumelkelch, den sie preußische Ehre nennen, am Leitseil einer Bande von Stellenjägern und hohnlachenden Demokraten." Das sind Töne und Bilder, wie sie sich in seinen Briefen nur ganz vereinzelt finden. Hingabe spricht daraus, wie nur zu seiner Gefährtin.

Während er später als Bonapartist verschrien wird, fällt es ihm, aus Paris zurückkehrend, „wie eine Last von der Brust", als er die Grenze hinter sich hat: „Ich hätte den ersten schwarz-weißen Pfahl umarmen können." Und ein anderes Mal äußert er: „Ich bin meinem Fürsten treu bis in die Vendée, aber gegen alle andern (deutschen Fürsten) fühle ich in keinem Blutstropfen eine Spur von Verbindlichkeit, den Finger für sie aufzuheben."

Bismarck hat in den 50er Jahren auf die Frage, ob er russisch oder westmächtlich sei, immer geantwortet: Ich bin preußisch, und er erklärt Gerlach, er würde, wenn es im Interesse einer wohldurchdachten preußischen Politik läge, „unsere Truppen mit derselben Genugtuung auf die französische, russische, englische oder österreichische Armee feuern sehen".

Dies ist Bismarck, der das Land seiner Väter tiefer liebte als das Land seiner Kinder, das er selbst gegründet.

Aktivität und Weltflucht

Es gibt große Naturen, deren innere Bewegung wie in wunderbarem Kreise immer in sich zurückläuft, andere schwingen wie mächtige Pendel von Pol zu Pol, mit jedem Ausschlag den vorigen vernichtend; verurteilt, nie in der Mitte zu ruhn, so sehr sie auch die Kraft der Erde stillzustehn aufruft. Wir nennen sie problematische Naturen. Das Wort hat, obwohl erst ein Jahrhundert alt, Wandlungen durchgemacht.

„Es gibt", sagte Goethe, „problematische Naturen, die keiner Lage gewachsen sind, in der sie sich befinden, und denen keine genug tut. Daraus entsteht der ungeheure Widerstreit, der das Leben ohne Genuß verzehrt."

Als es Titel eines Romanes wurde, — den übrigens Bismarck gegen seine Gewohnheit und noch dazu in Versailles mit vielem Interesse gelesen — hat sich die Bedeutung des Wortes verschoben, und seit diesen vier Jahrzehnten wieder. Wir legen heute den Ton auf den inneren Widerstreit und, sofern wir Goethes Prägung überhaupt noch mitfühlen, darauf, daß diesen Naturen „keine Lage genug tut".

Es ist der Bruch der Seele, das Spiel widerstreitender Kräfte, was uns gegenwärtig von einem Problematiker sprechen läßt.

Nur in diesem Sinne darf es verstanden werden, wenn Bismarck hier wiederholt so genannt wird.

Er selbst hat dies gefühlt und zweimal in tiefen Worten angedeutet. Einmal schreibt er von dem „Widerspruchsgeist, der mich jederzeit ersehnen läßt, was ich nicht habe", und ein andermal: „Aber ich habe das unglückliche Naturell, daß mir jede Lage, in der ich sein könnte, wünschenswert erscheint, und lästig und langweilig, sobald ich darin bin." — Das ist: der Wanderer.

Aber der Analytiker darf weit über diese Worte hinausgehen. Das Unterbrochenwerden einer Gefühlskette durch eine andere, die Polarität der Gefühle, der Wille zum Entgegengesetzten je nach Stimmung, Umständen, Befinden, das Bewußtsein der Erdenschwere noch bei den höchsten Flügen, das Gewissen als Korrektiv des Willens zur Macht, Skepsis gegen Gewaltsamkeit, Pflichtgefühl gegen Haß, Fatalismus gegen Christentum wirkend: das alles sind Züge des problematischen Bismarck.

Daß die Deutschen, eingeborene Ideologen, stets nach dem einen oder dem andern fragen, daß Bismarck in Deutschland eisern oder gemütvoll genannt zu werden pflegt, mag an der Eigenschaft solcher Charaktere liegen, typisch deutsch (oder doch germanisch) zu sein.

Betrachtet man sein Temperament, die Grundfarbe seiner Entschließung, so wird dies noch deutlicher. Sichtbar schwingt hier der Pendel: zu jedem Zuge findet sich ein zweiter, der ihn aufheben will. Wer in das Gefüge dieser Seele blickt, beginnt den Kampf der Kräfte zu ahnen, die diesen Mann erschütterten, er beginnt zu erfassen, wie es möglich wurde, daß soviel Güte neben solcher Härte, solche Rücksichtslosigkeit bei so viel Zartheit wohnen konnte. Aber er bemerkt auch, wie unschätzbar heilsam eben diese Paralysierung widerstreitender Kräfte, die den Träger vom Genuß der Mitwelt fernhielten, zur Vollendung seines Werkes wurde, das nun die Nachwelt genießt, während jener Schöpfer sich längst der Erde seines Sachsenwaldes vermischt hat.

Der einzige Gott, den Bismarck nach seinem Bekenntnis haßte, war Apollon.

„Gute Musik,“ sagte er einmal in Petersburg, „regt mich nach zwei Richtungen hin auf: zum Vorgefühl des Krieges und der Idylle.“ Das sind die Pole.

Die Idylle, das Gefühl einer lieblichen Einsamkeit, ist ihm stets mit der Vorstellung seines Gutes verbunden, und fast immer in Gemeinschaft mit seiner Frau. Völlige Einsamkeit kann er gewissermaßen nicht bewältigen: dann muß er immer denken, sowie auch des Nachts, wo, wie er sagt, „es“ in ihm denkt, ohne sein Zutun.

Krieg, — das ist Getümmel, Politik, Wirkung, Macht.

Seine Resignation war nicht derart, daß sie quietistisch zur Erstarrung kommen wollte. Er wünschte tätig zu sein, aber heiter und in kleinem Kreise. Dann hätte er, wäre er darin geblieben, sein Leben lang gejammert, daß er nicht großen Stiles wirken könnte. So aber, in die Welt gerufen, jammert er nach dem andern Paradies. Das geht vom Jahre 50 bis 90 so, vierzig Jahre lang.

Während er, um das Jahr 50, leidenschaftlich

im Landtag arbeitet, wünscht er sich nichts als die Schließung des Landtages, und „könnte ich Dich gesund umarmen und mit Dir in ein Jägerhaus im tiefsten grünen Wald und Gebirge ziehen, wo ich kein Menschengesicht als Deines sähe. Das ist so mein stündlicher Traum.“

Während er in Brandenburg gewählt werden soll, und „durch alles Wühlen in fieberhafte Aufregung geraten ist“, wünscht er sich, doch lieber nicht gewählt zu werden, und würde sich „mehr freuen, mit Dir, mein süßes Herz, und den Kindern ein recht stilles, freudenreiches Jahr zu verleben“. Bald darauf: „Ich habe so eine fixe Idee, die mich in allem Getriebe verfolgt, in einem ganz tiefen Gebirgstal im warmen Sommer, dicht am Bach, mit dem Kopf auf Deinem Schoß zu liegen und über mir durch den Rauch der Zigarre (!) und die grünen Baumwipfel den blauen Himmel anzusehen“.

Noch in diesem Jahrzehnt, da ihn die Gewohnheit noch nicht packte und Waffen zu seinem Werk ihm noch nicht verliehen sind, sind seine Briefe, vornehmlich an die Frau, voll solcher Ausrufe.

Als er Gesandter wird, ist ihm ahnungsvoll „ganz weinerlich zumute, wenn ich an dies plötzliche Umwerfen unserer harmlosen Pläne denke. Es ist, als wollten wir auswandern nach Amerika, und aus allen lieben Gewohnheiten scheiden, denn wer weiß, wann das Rad, welches uns jetzt ergreift, uns wieder loslassen mag und wir wieder einen stillen Sommer auf dem Lande verleben“.

In Mainz, als Gesandter ins Schloß des Herzogs

126

geladen, blickt er wehmütig aus dem Fenster und denkt an seine Hochzeitsreise: Wie sie damals auf dem Dampfer an dem netten Schloß vorbeifuhren, ohne zu träumen, daß er jetzt dort am Fenster stehen würde, „eine alte Perücke von Minister vor mir, der mir seine Ansichten über Bundespolitik entwickelte, während ich mit zerstreutem Jawohl an unsere Reise dachte und mit den Augen den Platz an der Schiffsbrücke suchte, wo Du mit deinem Genfer Mäntelchen ins Boot stiegest, und dann dachte ich an Genf".

Während ihm Gerlach von Verträgen und Monarchen doziert, sieht er unter den Fenstern in den Kastanien und Fliederbüschen den Wind wühlen, hört auf die Nachtigallen und denkt, „wie ich mit Dir am Fenster der Tafelstube stünde und auf die Terrasse sähe, und wußte nicht, was Gerlach redete".

Gestern ist er „unglücklich, so ohne Zeit zu leben", heute glücklich, „stundenlang herumlungern und ins Grüne stieren zu können, ohne Gedanken und ohne Langeweile". In Paris weiß er am selben Tage, als ihn Kaiser und Kaiserin in Audienz empfangen, nicht, was er anfangen soll, und „sehnt sich nach Geschäften", gleich darauf widert ihn das „tote und ruchlose Treiben der Welt" an.

Als Gesandter in Petersburg in voller Tätigkeit, ein Mann von Mitte vierzig, verwöhnt vom Zaren, der Zarin-Mutter und dem Kanzler, erwägt er wiederum seine Absicht zu gehen: „Wer weiß, wie lange wir noch in dieser Welt miteinander leben werden. Man wird Gott, den Seinigen und sich

selbst fremd und hat keinen Ton mehr, der einem
selbst gefallen könnte auf der verstimmten Seelen-
Klaviatur. Diesem Leben fehlt, was ich das sonn-
tägliche Element nennen möchte, etwas Feiertag
in dieser Werkstatt, wo Lüge und Leidenschaft
rastlos auf den Amboß menschlichen Unverständ-
nisses hämmern. Man verliert den Atem, wenn
man mithämmert."

Im Frühjahr 62 ist sein Tatendrang so groß,
daß er in Berlin, wo er einige Wochen auf die Entscheidung wartet, ob er Minister oder Gesandter
wird, schließlich, wütend über die Untätigkeit,
zu der er verdammt ist, dem Grafen Bernstorff
einfach ein Ultimatum stellt: sofort Anstellung
oder Abschied. Nach drei Stunden bekommt er
die Bestallung für Paris. In den entscheidenden
Wochen dagegen, einige Monate darauf, als seine
Berufung jeden Tag eintreten kann, liest er in
Biarritz keine Zeitung durch 14 Tage, erschrickt
über jeden Brief, hofft durch keine Depesche nach
Berlin gerufen zu werden und betrachtet „6 Fuß
unter Wasser und ebenso hoch über dem Meeres-
grunde seinen Schatten, den die Sonne durch
12 Fuß Wasser auf den weißen Sand mit bunten
Kieseln wirft."

Als er dann ein Jahr Minister ist, zu der Zeit
leidenschaftlichster Kämpfe, vor sich eine Welt
von Gegnern, denen er um keinen Preis weichen
möchte, wünscht er sich irgendeine Intrige, die
den König bestimmte, ein anderes Ministerium
zu nehmen, „daß ich mit Ehren diesem ununter-
brochenen Strom den Rücken drehte und still
auf dem Lande leben könnte. Die Ruhelosigkeit

der Existenz ist unerträglich, seit 10 Wochen im Wirtshause (in Karlsbad mit dem Könige) Schreiberdienste und in Berlin wieder, es ist kein Leben für einen rechtschaffenen Landedelmann, und ich sehe einen Wohltäter in jedem, der mich zu stürzen sucht". Wehe aber denen, die es versuchen! Man kennt ihre Namen und ihr Schicksal. „Wenn ich einen Feind in der Gewalt habe, muß ich ihn vernichten."

Als er sein altes väterliches Gut wiedersieht, findet er es reizend, „aber sie lassen mich nur niemals allein, und ich habe mir dort mit den Bäumen mehr zu sagen als mit den Menschen".

An Zahl nehmen diese weltflüchtigen Äußerungen bei wachsender Macht und Gewohnheit und namentlich in den acht großen Jahren des Werkes ab. Aber noch in Versailles steigt er zu Pferde, galoppiert eine Stunde in der weichen Herbstluft durch die graden Parkgänge des Sonnenkönigs, durch rauschendes Laub und geschnittene Hecken, an stillen Teichen vorüber und Marmorgöttern, um der Plage zu entfliehen, „nichts Menschliches zu hören und dem Heimweh nachzuhängen, mit Kindererinnerungen an geschorene Hecken, die nicht mehr sind".

Das ist der Mann, der wochenlang gleichzeitig am Frieden und an der Einigung arbeitet, und es ist derselbe, der, durchaus im Gegenwärtigen wirkend, seiner Frau klagt, er hätte hier keine menschliche Seele, über Zukunft und Vergangenheit zu reden. Er fühlte den kalten Sumpf von Mißgunst und Haß umher, „kurz, mich friert, geistig, und ich sehne mich bei Dir zu sein in Einsamkeit auf dem Lande".

Dies ist Bismarck, der als alter Mann, auf der

Höhe seiner Macht, Autokrat im Reiche, sein
Ideal von Lebensführung in die Worte zusammen-
faßt: „Am wohlsten ist mir in Schmierstiefeln,
weit weg von der Zivilisation. Am besten ist mir,
wo man nur den Specht hört."

Das alles ist nicht die Reaktion eines Ent-
täuschten und Angewiderten, der einst mit vollen
Segeln in die Welt gefahren. Es sind dieselben
Töne, denen er in der Jugend ohne Äquivalent
zu horchen sich gedrungen fühlte.

Er wußte sehr wohl, wie es um ihn stand, denn
seine Menschenkenntnis hörte vor dem eigenen
Herzen nicht auf. In seinen besten Jahren fragt
er einmal die Schwester: „Ist es ein Beweis unserer
Ungenügsamkeit oder ist es nur mein Fehler, daß
mir die gegenwärtige Station immer unbehaglicher
erscheint als alle früheren, und daß man nicht auf-
hört, rastlos vorwärts zu treiben in Hoffnung auf
ein Besseres?" Und dem Bruder schreibt er, er
habe Heimweh nach den ruhigen Tagen, wo er
Herr seiner Zeit und, wie ich mir jetzt oft ein-
bilde, glücklicher war, — obschon ich mich genau
erinnere, daß das alte Wort post equitem sedet
atra cura auch auf Calebs Sattel seine Wahrheit
behielt."

Dies ist Bismarcks Seufzer aus dem Bewußtsein
seiner schweren und ruhelosen Natur.

Romantik und Skepsis

Fatalismus kann aus romantischen, kann aus skeptischen Quellen strömen, kann in romantische
und skeptische Breiten münden. In Bismarcks

Innerem findet man beide Quellen, beide Mündungen.

Seine weltflüchtigen Wünsche bekommen leicht romantische Schattierungen, aber seine Kenntnis und Verachtung des Menschen biegen sich ebenso leicht in skeptische und ironische Stimmungen um. Das sind psychologisch mögliche Verbindungen, die eine Analyse zur Verdeutlichung darlegen mag, ohne an ihre Wirklichkeit sich wörtlich zu binden. Gewiß ist allein, daß Skepsis und Romantik beide einer gewissen Fremdheit entspringen, die auch ein Mann von Welt nie ganz überwindet, wenn in ihm tiefere Quellen strömen.

Nichts ist natürlicher, als daß mit den Jahrzehnten die romantischen Regungen dieses Weltmannes zugunsten skeptischer abnahmen. Bismarck wußte das sehr wohl, und man muß den wunderbaren Worten lauschen, die aus ihm strömen, als er mitten im Fieber der Berliner Politik das Haus einmal besucht, in dem er die Knabenjahre zugebracht. „Wie klein ist doch der Garten, der meine ganze Welt war, ich begreife nicht, wo der Raum geblieben ist, den ich oft atemlos durchlaufen habe, und mein Gärtchen mit Kresse und türkischem Weizen, und all die Geburtsstätten verfallener Luftschlösser, und der blaue Duft der Berge, die damals jenseits des Bretterzaunes lagen. Die Bäume waren alte Bekannte, ich weiß noch die Obstsorten davon, und die Hühner waren noch da, die mir immer so viel Heimweh nach Kniephof machten, wenn ich sie ansah und die Stunden und Viertelstunden anstrich, die noch verfließen sollten, bis die Ferien da waren und der Stettiner Postwagen.

Wie sehnte ich mich damals in das Leben und die Welt, — die ganze bunte Erde, wie sie mir damals existierte, mit ihren Wäldern und Burgen und allen den Erlebnissen, die meiner darin warteten, tauchten vor mir auf, als ich in dem Garten stand, und ich hätte weinen können, wenn der prosaische Hans mich nicht rief und trieb und mich erinnerte, daß ich jetzt ganz genau weiß, wie der Garten ein kleiner Fleck in der Wilhelmstraße ist und nicht viel Besonderes ringsumher hinter dem Zaun, und der Dornberg in Kniephof 16 Meilen groß, und daß wir Geschäfte mit General Gerlach hätten. Ich könnte stundenlang in dem Garten sitzen und träumen."

Der Ton der Wehmut, zu dem sich skeptische und romantische Elemente in Schönheit mischen, ist nicht der einzige. Dies Gemüt ist gehalten, das harte Nebeneinander zu ertragen, daß es zuweilen schrillt von Gegenstimmen.

Er bewundert den Eisgang als ein imposantes Schauspiel der Natur, schildert ihn wie ein Landschafter, vergißt aber über solchen Impressionen keine der notwendigen Maßregeln zu ergreifen, die ihm als Deichhauptmann gegen das brechende Eis zur Hand sind. Im Weißen Saal, beim Ordensfest denkt der Romantiker, wie schön es ist, das alles von oben zu betrachten, „auf einem weichen Divan unter Palmen und plätschernden Fontänen die Musik zu hören und (fügt der Skeptiker hinzu) das Wogen der Eitelkeit unter sich zu sehen: darin liegt Poesie und Stoff zum Nachdenken".

132

Seine Karriere nimmt er als solche nicht ernst. Nicht anders spricht er davon als von „Gesandten spielen" oder „Minister spielen". „Nach dreißig Jahren," bekennt er über vierzigjährig der Schwester, „wird es mir wohl gleichgültig sein, ob ich jetzt Diplomat oder Landjunker spiele. Nach Neune ist alles vorbei, sagt der Schauspieler". Mitten in jener Spannung mit Österreich, Ende der 50er Jahre, die er selbst leidenschaftlich vergrößert oder hemmt, je nach der Lage des Augenblicks, scheint es ihm gleichgültig, ob Fieber oder Kartätschen einem „diese Maske von Fleisch abreißt", und man muß unwillkürlich an die Quintessenz von Staub denken, über die Hamlet lächeln mußte, der gelungenste Typus eines romantischen Skeptikers, einer problematischen Natur. Aber nicht er ist es, es ist Bismarck, der fortfährt: „Fallen muß sie doch über kurz oder lang, und dann wird zwischen einem Preußen und einem Österreicher (wenn sie gleich groß sind wie etwa Schreck und Rechberg) doch eine Ähnlichkeit eintreten, die das Unterscheiden schwer macht. Auch die Dummen und die Klugen sehen, propper skelettiert, ziemlich einer wie der andere aus."

Das ist derselbe Mann, im selben Lebensabschnitt, der sich, als preußischer Gesandter, in Rüdesheim ein Boot nimmt, hinausrudert und dann im Mondschein nachts bis zum Mäuseturm schwimmt, „wo der böse Bischof umkam. Es ist etwas seltsam Trauriges, so in stiller warmer Nacht im Wasser zu liegen, vom Strom langsam getrieben, nur den Himmel mit Mond und Sternen und seitwärts die waldigen Berggipfel und Bergzinnen im Mondschein zu sehen, und nichts als das leise Plätschern der eigenen Bewegung zu hören. Ich möchte alle Abend so schwimmen."

Dies ist Bismarck, der alle Abend so schwimmen möchte und es doch nicht tut, der stundenlang im Garten seiner Kindheit träumen möchte und ihn doch nicht wiedersieht, der immer wieder von dem 90jährigen Kuhhirt Brandt erzählt, der den Fünfjährigen lehrte und dessen Erinnerung ihm immer ist „wie Heidekraut und Wiesenblumen", — Bismarck, der von der Politik meint, es sei ja doch nur so, wie die Jagd seines guten Vaters, der alle Büsche mit Mann und Hund abtreiben ließ und jedesmal gespannt auf den Fuchs wartete, obschon er so gut wie Sohn und Jäger wußte, daß keiner darin war.

Derselbe Mann, der es, das erstemal zum Minister vorgeschlagen, in Bernburg hübsch finden würde „dort als unabhängiger Herzog (der wahre war geisteskrank) und dicht im Harz mit Victorshöhe, und das ganze Selktal zu regieren", derselbe spricht von seiner europäischen Welt als von einer Kulisse, hinter der man alle Poesie der Welt vermutet und die matteste Prosa findet, und beginnt seine letzte Reichstagsrede als Greis mit dem Ausdruck seiner Überzeugung, daß es eigentlich ganz sinnlos sei, hier Reden zu halten, da man keine einzige Stimme dadurch gewänne, und wenn man mit Engelszungen redete.

Schließlich tröstet er sich immer wieder mit dem weisen Spruch, den Götz dem Kaiserlichen durchs Fenster zuruft und der, wie er hinzufügt, „in den gewöhnlichen Ausgaben von Goethe nur durch Punkte sich angedeutet findet".

134

Überhaupt wächst seine Skepsis oft zur Ironie, nicht bloß als Waffe gegen Feinde, — auch derart, wie er aus Petersburg schreibt: gestern hätte er den Kopf voll gehabt von Tscherkessen, Kosaken, Großfürstinnen und Feldjägern, die Nacht darauf aber von Bettstellen geträumt, hochbeinig, kurz und weiß angestrichen. Oder wenn er das Paket Briefe, das ihm der König und die Königin in Potsdam für die Wiener Herrschaften mitgegeben, in den Kladderadatsch einwickelt. Oder wenn er beim Anhören der phrasenhaften Präsidialrede Gortschakoffs (im Jahre 76 in Berlin) mit Bleistift die Worte aufschreibt: „pompous, pompo, pomp, pom, po", welch groteskes Blatt ihm, wie er berichtet, sein Nachbar Lord Russel entriß.

Und wieder unmittelbar neben diesem ironischen Ende liegt ein Punkt, an dem er gläubig wird.

Heiterkeit und Melancholie

Die Resignation, in der wir Bismarck verließen, ruhte auf entschlossener Heiterkeit, auf jener männlichen Lebensfreude, die mit den Dunkelheiten der eigenen Seele und dem Schattenspiel der Welt sich abgefunden. Aber sogleich steckt der Gegenspieler in ihm den Kopf durch die Kulisse, für seine tragische Maske Worte und Rede fordernd.

Es ist ein heiteres, neubegieriges Temperament, das neue Länder gern bereist und ihre Landschaft, ihre Eigenheiten oft lebhafter studiert als ihre Politik. Bismarck durchbummelt die Länder, die er mit großer Kunst beschreibt, Moskau oder Amsterdam, Ungarn oder Dänemark. Dann freut er sich über Kuriositäten, und daß er in den Juninächten in Petersburg seine Briefe ohne Licht lesen kann, berichtet er wohl ein halbes Dutzend Mal. Nie ist er blasiert. Er hat eine große Sammlung drolliger Zuschriften.

Ist er ohne seine Frau, so sucht er die Menschen auf, er ist gesellig, will nicht allein sein. Er verläßt ein Seebad nach 12 Stunden, weil dort die Franzosen schweigsam wie die Karthäuser an der Table d'hote sitzen. Diesem heitren Lebenswillen ist zum großen Teil sein hartnäckiges Weigern vor der Ministerstelle zuzuschreiben. Es ist ihm interessanter, Botschafter in der Fremde zu sein. Dort hat er mehr Bewegung, Gesellschaft, Abwechslung. Als er für Paris ernannt wird, ist er recht froh darüber, fühlt aber den Schatten im Rücken: „Ich war schon so gut wie eingefangen. Meine Mißbilligung ... hat mich für heut freigemacht. Es ist mehr ein Fluchtversuch, den ich mache, als ein neuer Wohnsitz." Dann aus Paris, kaum angekommen: „In acht Tagen erhalte ich wahrscheinlich eine Zitation nach Berlin, und dann ist Spiel und Tanz vorbei. Wenn meine Gegner wüßten, welche Wohltat sie mir durch ihren Sieg erweisen würden! Du kannst nicht mehr Abneigung nach der Wilhelmstraße haben als ich selbst, und wenn ich nicht überzeugt bin, daß es sein muß, so gehe ich nicht!"

Freilich hat seine Helligkeit meist etwas Geängstetes, wie von einem, der die Schatten kennt und fürchtet. Mozart ist ihm immer fremd gewesen. Er sagte dann wohl: „Beeth'chen ist mir lieber!" Er mahnt die Braut: „In ergebenem Gottvertrauen setze die Sporen ein und laß das wilde Roß des Lebens mit Dir fliegen über Stock und Block, gefaßt darauf den Hals zu brechen, aber furchtlos, da Du doch einmal scheiden mußt von allem, was dir auf Erden teuer ist, und doch nicht auf ewig!"

Oder er phantasiert über das lyrische Thema:

„Auch nur *a moment cherished* zu werden, ist besser als *live and die in vestal silence.*"

Das „Erscheinen der Vierzig erschüttert" ihn: „Das Leben ist wie ein geschicktes Zahnausziehen, man denkt, das Eigentliche soll erst kommen, bis man mit Verwunderung sieht, daß es schon vorbei ist."

Vierzehn Jahre später: dieselbe Stimmung eines nicht von Natur heiteren, aber lebenswilligen Menschen. „Man verzichtet so spät auf die Illusion, daß das Leben nun bald anfangen soll, und hält sich so lange bei der Vorbereitung auf, daß es der Meilensteine bedarf, um zurückzublicken." Wieder zwei Jahre später schreibt er dem Bruder ohne Umschweife: „Ich lebe gern. Es sind nicht die äußeren Erfolge, die mich befriedigen und fesseln, aber die Trennung von Frau und Kind würde mir schrecklich schwer werden."

Dies also ist der bündigste Ausdruck vom Lebenswillen eines Mannes, der soeben sein Werk beendet, der auf dem Gipfel steht: er lebt gern, allein um Frau und Kinder willen? Dies ist der bündigste Ausdruck!

Denn neben dieser Heiterkeit erwacht, wenn sie einschläft, Bismarcks tiefe Melancholie.

Als ihm Keudell das erste Mal die F-Moll von Beethoven vorspielte, weinte er. Ein andermal sagte er danach: „Das ist wie das Ringen und Schluchzen eines ganzen Menschenlebens."

Diese Melancholie, die schon durch seine Wünsche zur Einsamkeit, durch seine romantischen Sehnsüchte zittert, überrascht ihn zuweilen in den heitersten Lebensstunden. Das ist ihm angeboren, dessen kann er sich nicht erwehren. Sehr schöne Bilder und Worte fand er selbst dafür, und wie instinktiv er an dies Grundkolorit seines Temperamentes gewöhnt ist, zeigt sich auch darin, daß dieser Objektive, dieser Betrachter von Menschen und Geschicken es ohne weiteres und ohne Beweise verallgemeinert. „Das irdisch Imponierende und Ergreifende, was mit menschlichen Mitteln für gewöhnlich dargestellt werden kann, steht immer in Verwandtschaft mit dem gefallenen Engel, der schön ist, aber ohne Frieden, groß in seinen Plänen und Anstrengungen, aber ohne Gelingen, stolz und traurig."

Dies ist das Thema. Er kennt aus Erfahrung alle Variationen.

Da ist der Realist, der diese grundlose Stimmung mit Kühle genealogisiert: „Jede menschliche Natur will ihre bestimmte Konsumption von Kummer und Sorge haben, und bleiben die realen aus, so muß die Phantasie welche schaffen. Kann sie dies nicht, so kränkt man sich aus Weltschmerz: jener rätselhafte Trübsinn, der oft sans rime et sans raison in uns aufsteigt."

Da ist der melancholische Epikuräer, der ohne schlimmen Anlaß seine Gefährtin mahnt: „Leb wohl, mein süßes Herz, und lerne des Lebens Unverstand mit Wehmut genießen. Es ist ja nichts auf dieser Erde als Heuchelei und Gaukelspiel, ohne Grund." Da ist der Alternde, der von Heimweh und Herbstgefühl spricht, nur immer davon träumend, „auf dem Lande zu leben und nie wieder von der Stelle zu gehen".

Da ist wiederum der Weltmann, der, im Bewußtsein, das cor humanum durchaus studiert zu haben, sein Gefühl zum Allgemeingefühl steigert, und dahin resümiert: „Tief in der menschlichen Natur liegt es wohl, daß das Hervorheben der Zerrissenheit, der Nichtigkeit, des Schmerzes, die unser bisheriges Leben beherrschen, mehr Anklang findet, als eine Berührung der minder mächtigen Elemente, welche die leicht welkenden Blumen ungetrübter Heiterkeit in uns vorübergehend hervortreiben."

Da ist endlich der melancholische Staatsmann, der überzeugt ist, „daß wohl niemals ein Minister oder König sein Auge mit dem Bewußtsein schließt (es sei denn, daß er ein Tor ist, der sich selbst betrügt), dafür gelebt und das erreicht zu haben, daß es auf die Dauer einen Kummer weniger und eine Freude zwischen den seiner Lenkung anvertraut gewesenen Menschen mehr gäbe."

Als Sechzigjähriger hat Bismarck einmal einem Gespräch über Schopenhauer zugehört, mächtige Rauchwolken aus seiner Pfeife entlassend. Dann sagt er: „Wie kann man glauben, zum Glück geboren zu sein! Goethe hat irgendwo gesagt, wenn er alle Sekunden seines Lebens zusammenrechne, in denen er wirklich glücklich gewesen, dann käme keine halbe Stunde heraus. Und Goethe ist fast nur geliebt worden, selten gehaßt." Dann aber fügt er die Worte hinzu: „Und doch hat er am Leben gehangen wie jeder ordentliche Mensch."

Dies ist Bismarck, dessen Hingabe heiteren Menschen galt, der aber seine Bestätigungen von Beethoven nahm. Im Wappen seiner Seele steht der gefallene Engel, schön aber ohne Frieden, stolz und traurig. Aber er hing am Leben „wie jeder ordentliche Mensch".

Nüchternheit und Dämonie

Nichts haben gläubige und klare Naturen aller Geschlechter so innig in sich bekämpft, als den Dämon, das zügellose Untier, das gebändigt, getötet, ausgerottet werden solle. Er ist es, der in Gestalt gräulicher Wasserspeier vom Dach der gotischen Dome die Niederschläge jener Unwetter wegführt, die dem Hause der Gottheit nicht ziemen. Er ist es, den Goethe ein Leben hindurch bekämpfte, zähmte, zuritt, bis sich der Greis vollendete.

Es ist der Geist im Innern des Berges, der allen genialen Naturen im Grunde wohnt, und aus dessen Eruptionen, zwischen einer Welt von Gischt und Giften, zuweilen die reinen Metalle steigen und rätselhaft leuchtende Edelsteine. Ja auch der klarste Genius stellt zuweilen Zeichen solcher Dämonie aus sich heraus, und dann ist es, als hätte er sie aus einem früheren Leben. Das kindlich wilde, das trotzig sachliche Genie bleibt unter solchen Stürmen wie ein wunderbarer Baum, und wie dieser hat es sie im nächsten Augenblick vergessen. Kein Gegengipfel der Kräfte zwingt ihn, sich seiner später wieder zu erinnern. Das sind die Wesen, die sich den Wogen ihres Dämons preisgeben wie Naturgewalten, ohne Gedanken, ohne Vorgefühl, ohne Nachgefühl.

In Napoleon wirkt der dämonische Antrieb unmittelbar neben dem Mathematiker. Und so wäre er in diesem Sinne vollkommen gewesen, wie jene tanzend klaren, strahlenden Phänomene der Renaissance, hätte nicht eine hitzige Phantasie dereinst das Glas, das jene beiden Triebe allein noch trennte, doch völlig isolierte, gesprengt und so ihn selbst zu Unternehmungen in der Realität verleitet, die irreale Träume bleiben mußten.

Der Problematiker steht auch hier zwischen zwei Feuern, genauer: zwischen Feuer und Wasser, und es ist das Schicksal seiner Schwere, daß sich die Kenntnis dieses Kampfes ihm selbst erschließt.

Bismarcks durchaus dämonische Natur, von seiner Gewaltsamkeit angetrieben, wurde paralysiert durch seine Nüchternheit. Der angeborenen Farbe der Entschließung ward des Bewußtseins Weiße übermalt: so allein konnte es geschehen, daß dies riesige Temperament durch Maß und Sachlichkeit fruchtbar wurde. So wurden jene wunderbar wilden Leidenschaften, Gewaltsamkeit, Wille zur Macht, Zorn und Hingabe, sie, die sein Werk im selben Tempo gefährdeten als sie die Persönlichkeit ins Feuer rissen, ihm eine dienstbare Quadriga.

Darüber hinaus ist der Kampf von Dämonie und Nüchternheit, rein temperamentär, in allen Äußerungen seines Lebens, seiner Wünsche und seiner Wallungen zu finden.

Es ist der Mann, dem 32jährig, völlig grund- und übergangslos auf seinem Gute eines Abends „der Gedanke ungemein nahe ist, a sharer in the delight, a portion of tempest of night sein zu wollen, in einer Gewitternacht auf einem durchgehenden Pferde die Klippen hinab in das Brausen des Rheinfalls zu stürzen", — aber sofort fügt der Nüchterne hinzu: „Ein Vergnügen derart kann man leider nur einmal in diesem Leben sich machen." Doch er schließt: „Es liegt etwas Berauschendes in nächtlichen Gewittern."

Es ist der Mann, dessen Auge von den Freunden gut und treu genannt wird; kommt er in Wallung, so ist es „plötzlich unheimlich blitzend".

Als er das Blindsche Attentat eine Stunde nach dem Geschehnis bei Tisch erzählt, sind alle in feierlicher Stimmung, als habe sich etwas Übernatürliches ereignet. Er allein zergliedert den Fall: „Als Jäger sagte ich mir, die beiden letzten Schüsse müssen gesessen haben, ich bin ein toter Mann. Ich konnte aber zu meiner Verwunderung bequem nach Hause gehen." Er untersucht und findet Löcher in allen Röcken bis auf das Hemd. „Es kommt bei Rotwild vor, daß eine Rippe elastisch federt, wenn die Kugel aufschlägt." So spricht der Naturforscher, der ausschließlich und immer zu sein er so gern vorgibt.

142

Aber als er nun wieder in diese Maschine greift, um weiter zu wirken, fühlt er sich durch das Wunder, das ihn errettet, gehoben, er nimmt ein feuriges Tempo an. Keudell, vortrefflich als Beobachter und damals sein täglicher Mitarbeiter, hatte als Folge des Attentates den Eindruck, daß er sich nun als auserwähltes Rüstzeug Gottes fühle, um seine Sache durchzuführen.

Die Stunde von Donchery erkennt er in ihrer pathetischen Bedeutung und schreibt seiner Frau über den „von Gottes gewaltiger Hand Niedergeworfenen", und über das „weltgeschichtliche Ereignis". Später — nennt er es ein Kotillongespräch.

In Versailles, am Ziel, in diesen Stunden und Wochen beschleunigten Pulses, da er sein Werk vollendet, kann man die Vibrationen wie unter der Haut förmlich mit Augen sehen. Den Vorschlag des Kronprinzen, fest und gebietend aufzutreten und, statt länger zu verhandeln, ohne weiteres in Anwesenheit der Fürsten „den Kaiser ausrufen zu lassen", lehnt er sehr überlegen ab, dergleichen kommt dem Staatsmann wie der dilettantische Ausbruch eines prinzlichen Romantikers vor. Vielmehr leitet er die Verhandlungen mit den Südstaaten durch Monate weiter, von Schritt zu Schritt zu einem bedächtigen Ende. Als er aber allein auf der Plattform im Spiegelsaale steht, vor König und Fürsten, um den Führern des Heeres den Kaiser zu proklamieren, ist er verwandelt. Er beginnt, so schreibt ein Augenzeuge, der als Arzt ein doppelt glaubwürdiger Beobachter ist, „mit einer vor Erregung keuchenden Brust, mit bleichem Antlitz und so blutleeren Ohren, daß sie fast durchsichtig waren.

Mit Mühe rangen sich die ersten Sätze aus der Brust." Erst allmählich wird die Stimme klarer und durchdringt nun kräftig den Saal.

Dies ist Bismarck, der Mann, der hundertmal vor Königen und Fürsten gestanden, hundertmal in weiten Sälen gesprochen, Feind aller Förmlichkeit und Phrasen, — doch hingerissen von der Dämonie des Augenblicks, da er Signum und Symbol seines Werkes in beiden Händen hält.

Drei Tage später schreibt er seiner Frau: „Ich habe dir schrecklich lange nicht geschrieben, verzeih, aber diese Kaisergeburt war eine schwierige, und Könige haben in solchen Zeiten wunderliche Gelüste, wie Frauen, bevor sie der Welt geben, was sie doch nicht behalten können. Ich hatte als Accoucheur mehrmals das dringende Bedürfnis, eine Bombe zu sein und zu platzen, daß der ganze Bau in Trümmer gegangen wäre." Das ist alles. Er spricht dann von „diesem Kaiserscherz" und man meint, das wäre der letzte Ausdruck der Nüchternheit. Aber er weiß noch einen besseren, denn wenige Tage vorher hat er, vom Vortrag beim Könige wegen des Titels heimkommend, gefragt: „Wissen Sie, was auf lateinisch Wurst heißt? Nescio quid mihi magis farcimentum esset." Als aber zehn Tage später bei Tische jemand bemerkt, man hätte zum Kaiser geschickt, blickt er auf und sagt: „Kaiser? Ich beneide alle, denen das schon geläufig ist."

Über die gesamte Entwicklung bewegen ihn die widersprechendsten Gefühle. Als Naturforscher glaubt er an die geschichtliche Logik und Wiederkehr, die noch genauer in ihren Revisionen sei als die preußische Oberrechnungskammer. Aber unter dem Druck des Dämons ruft er: „Ich spiele um meinen Kopf, ich weiß es, und ich werde bis zum Ziele gehen, und müßte ich ihn auch auf das Schafott tragen!" Man denkt an Goethes Ausruf in Heidelberg: Die Sonnenpferde meines Schicksals gehen mit mir durch!

Als Melancholiker spricht er der Braut von jener Traurigkeit sans rime et sans raison, aber zugleich fragt er sie: „Warum willst du dich totweinen? Ich bin ein Altmärker, der Gründe wissen will." Als leidenschaftlicher Royalist bebt er vor Wut über die Märztage, aber als nüchterner Kopf reist er nach Hause, weil er keine Veranlassung sieht „die Sache abzuwarten und Gott damit zu versuchen, daß er mich in Gefahren schütze, die ich keinen Beruf habe aufzusuchen."

An jenem Septembertage 62 stellt er sich dem Könige wahrhaft wie ein Lehnsmann zu Dienst mit Leib und Seele, leidenschaftlich, jenseits rein politischer Erwägungen. Als dieser aber sein acht Folioseiten langes Programm zerreißt und von einer Brücke in die trockene Schlucht des Parkes von Babelsberg werfen will, hindert ihn Bismarck mit Bedacht, weil die bekannte Handschrift leicht in unrechte Hände kommen könnte. Das ist derselbe Mann, der vor Wut sein Rücktrittsgesuch so übereilt, daß es nicht mehr zurückzuholen ist.

Diese Dämonie, die alle genialen Naturen periodisch besetzt hält, erzeugt in Bismarck den Glauben an Träume und das, was die deutsche Sprache tiefsinnig Aberglauben nennt. In ihm wirkte der Glaube wie die Regelung eines raschen Stromes, der Aberglaube aber wie der wilde Wellenschlag des offenen Meeres, in das er mündet, — in diese Welt, die ihn zu Tale zog.

Schon daß er immer wieder Träume notiert und seiner Frau mitteilt, fällt auf. Aber er deutet sie auch. Träumt er von seiner Frau, sie sähe bleich aus, verlangt er am Morgen dringende Nachricht. Als Verlobter träumt er, sein Freund hätte ihm gesagt, es ginge nicht mit ihnen beiden, sie wären zusammen verloren, weil sein Glaube nicht recht und fest sei „und du stießest mich von der Planke, die ich im Schiffbruch gefaßt hatte, in die rollende See und wandtest dich ab, und ich war wieder wie sonst, nur um eine Hoffnung und einen Freund ärmer. Schreibe mir doch sogleich, wie es dir geht.“

Während des Kulturkampfes träumt er, die Karte von Deutschland in der Hand zu halten, als sie plötzlich in Stücke geht und er zuletzt nur noch Zunder in Händen hält.

Als Greis von Mitte Achtzig teilt der Kaiser eines Morgens Bismarck einen Traum mit, der ihn um seiner Zusammenhänge mit den letzten Reichstagssitzungen unruhig macht. Bismarck antwortet mit der Mitteilung eines Traumes vom Frühjahr 63 „in den schwersten Konfliktstagen, aus denen ein menschliches Auge keinen gangbaren Ausweg sah. Mir träumte, und ich erzählte es sofort am Morgen meiner Frau und anderen Zeugen, daß ich auf einem schmalen Alpenpfad ritt, rechts Abgrund, links Felsen; der Pfad wurde schmaler, so daß das Pferd sich weigerte, und Umkehr und Absitzen wegen Mangels an Platz unmöglich; da schlug ich mit meiner Gerte in der linken Hand gegen die glatte Felswand und rief Gott an; die Gerte wurde unendlich lang, die Felswand stürzte wie eine Kulisse und eröffnete einen breiten Weg mit dem Blick auf Hügel und Waldland wie in Böhmen, preußische Truppen mit Fahnen und in mir noch im Traume der Gedanke, wie ich das schleunig Eurer Majestät melden könnte. Dieser Traum erfüllte sich." (Denn Bismarck hat damals den Konflikt im Innern durch Krieg und Sieg nach außen gelöst.)

Man kann die Verschiedenheit der Männer an den Reaktionen wahrnehmen. Wilhelm schrieb: „Ich will nicht hoffen, daß der Traum sich realisiere, aber eigentümlich bleibt die Sache. Enfin ich mußte ihnen die Kuriosität doch erzählen." Bismarck fügt kein skeptisches und kein gläubiges Wort hinzu, nur: „Dieser Traum erfüllte sich", und: „Ich erwachte froh und gestärkt aus ihm." Wilhelm ist beunruhigt, Bismarck gläubig gestärkt.

Aberglaube macht ihn nicht allein mißmutig, zu dreizehn zu Tisch sitzen oder, wie in Versailles, an dem preußischen Unglückstage von Hochkirch und Jena politische Geschäfte abzuschließen: er will auch den Grafentitel ablehnen, weil er beobachtet hat, daß alle Familien aussterben, die in Pommern Grafen geworden: „Das Land erträgt es nicht. Zuletzt ließ ich's geschehen, aber ich habe noch jetzt meine Befürchtungen." Auch als er dann Fürst wird und der Kaiser ihm den Adler ins Wappenschild verleihen will, ist er bedenklich und lehnt ab: „Der Adler frißt mir meinen Klee."

Die Ähnlichkeit der deutschen Geschichte mit der deutschen Heldensage: Loki, der alte Erbfeind, der Parteihader, der immer kommt, um den einfältigen Hödur zu verwirren, — ist ihm nicht nur ein rhetorisches Bild im Reichstage; denn er fügt (im Jahre 85) hinzu, er könne nicht leugnen, daß während der letzten 20 Jahre ihn diese Analogie „ununterbrochen gequält und beunruhigt" hätte, und das ist mehr als nur das ernste Auge des Mannes, der aus historischer Vergangenheit für die Zukunft zu lernen nicht müde wurde.

Sein fester Glaube an den Einfluß des Mondes auf das Wachstum von Pflanzen wäre nicht Aberglaube, wenn Bismarck nicht auch ernstlich riete, sich nur bei zunehmendem Monde das Haar schneiden zu lassen. „Es gibt Leute, die nicht daran glauben, Gelehrte, aber selbst der Staat verfährt danach, obwohl er's nicht offen eingestehen will. Es wird keinem Förster einfallen, eine Birke, die wieder Schößlinge treiben soll, bei abnehmendem Monde zu fällen. Wenn man sie aber roden will, fällt man sie bei abnehmendem Monde, da vermodert der Stumpf eher."

Aber auch ganz zusammenhanglose Dinge können ihn erschüttern: „Du glaubst nicht, was ich abergläubisch bin", schreibt er der Braut, „gerade als ich deinen Brief erbrochen, blieb die große Uhr ganz plötzlich ohne allen Grund drei Minuten vor Sechs stehen. Eine alte englische Penduluhr, die mein Großvater von Jugend auf gehabt, die seit 70 Jahren auf demselben Fleck steht, nie in Unordnung gewesen und auch nicht abgelaufen war. Schreibe mir doch gleich, daß du gesund und munter bist."

148

Aber sein Aberglaube wollte schweifen, darum war er kein Spiritist. Das System schreckt das Genie. Bismarck hat den wochenlangen Bemühungen einer russischen Fürstin in Gastein, die ihn bekehren wollte, widerstanden, hat viele Séancen mitgemacht und sich nur höchlich amüsiert über einen Schwindel, den seine Tochter entriert und worin ein verstorbener Diplomat aufgetreten war, der die dunkelsten politischen Geheimnisse enthüllte.

Aber er vertieft sich geheim in kabbalistische Zusammenhänge. An jenem Abend, als er in Versailles die bayerischen Verträge unterzeichnet und so sein Werk — das Reich — vollendet hat, kommt er auf den Tod zu sprechen (Busch, der es aufgezeichnet, kann den Zusammenhang nicht finden). Er behauptet, in seinem 71. Lebensjahre werde er sterben, indem er das aus einer, dem Berichtenden unverständlichen Zahlenkombination herleitet. Man widerspricht: das wäre zu früh. Er erwidert nochmals: „Nein, 1886, 16 Jahre noch. Ich weiß es, es ist eine mystische Zahl." Als er später dies Alter überschritten, sagt er, im Jahre 87: er hätte bemerkt, daß in seinem Leben gewisse Abschnitte, etwa von 11 Jahren, mit körperlichen und geistigen Veränderungen verbunden wären, „und daraus hatte ich mir mit kabbalistischen Zahlen herausgerechnet, daß ich 71 Jahre alt werden und im Jahre 1886 sterben würde. Jetzt, wo dies nicht eingetroffen ist, werde ich's wohl auf 83 oder 84 bringen."

Fürst Bismarck starb im 84. Lebensjahre.

Selbstbetrachtung

Sofern es wirklich eine Grundeigenschaft aller Künstler ist, sich und die Umwelt ohne Pause als Objekt der Betrachtung zu nutzen und aus dem Bewußtsein der typischen Lage die Fähigkeit der Vereisung ihres Ausdrucks und Gefühls zu leiten, darf Bismarck in solchem Sinne durchaus als künstlerische Natur angesprochen werden.

Dies aber ist nur im Zusammenhang mit allem Vorhergehenden und somit als ein Zug jener Problematik zu verstehen, die hier nicht auf dem Widerspiel der Kräfte, sondern auf dem Widerspiel mit sich selbst beruht. Für jene Schwingungen des Pendels, die ihn erschütternd korrigierten, war Basis und Symbol zugleich ein Körper, der Stärke und Nervosität vereinte. Der Mann aber, der sich als Selbstbetrachter darstellt, ist ganz und gar Nerv und auch in diesem Sinne künstlerisch.

Ihm fehlte viel, um auch diese Gabe fruchtbar zu machen: um jenes Spiegelbild zu bannen, daß es als neue, vereinfachte und verallgemeinerte Form erstände. Immerhin ist man, im Angesicht der Dimensionen seines Werkes, zu übersehen geneigt, daß Bismarck durch seine Kunst Menschen nicht bloß zu erkennen, sondern zu schildern, durch manchen Brief, vor allem durch die Stilistik seiner Memoiren ein Stück höchstpersönlicher deutscher Prosa geschaffen.

Bismarck hat wie Napoleon unzählige Äußerungen über sich selbst getan: die seinen sind (die privaten, nicht die ad hoc gefärbten politischen) fast

150

alle analytisch unumstößlich, Napoleons großenteils unbrauchbar. Denn diese wurden zu Zwecken geformt, jene aus den Spiegelbildern geschöpft, die ein Mann von soviel Skrupel und Gedanken über sich selbst in Fülle sich geschaffen.

Bismarcks naturforschendes Auge und sein psychologisierender Verstand haben es ihm ermöglicht, über sich selbst Dinge von einer Weite zu sagen, wie sie sonst nur Sonderlinge oder Künstler zu produzieren pflegen. Und auch dies ist eine Kunst problematischer Naturen: denn je heller ein Mensch, desto bewußtloser, desto blinder seinem Geschick vertrauend, desto fremder sich selbst.

Er ist als junger Mann einmal vom Pferd gestürzt und hat das Bewußtsein nur halb wiedererlangt. Er reitet auf dem Pferde des Reitknechts nach Hause, hält aber die Hunde, die ihn begrüßen, für fremde Hunde und schilt auf sie. Dann sagt er, der Reitknecht sei mit dem Pferde gestürzt, man solle ihn mit einer Bahre holen, und ist böse, daß sein Bruder, Zeuge von Ritt und Sturz, den Knechten abwinkt. Ob sie den armen Menschen auf der Straße liegen lassen wollten? „Ich wußte nicht, daß ich ich war, und daß ich mich zu Hause befand, oder vielmehr: ich war ich selber und auch der Reitknecht." Aber er ißt, schläft und am anderen Morgen hat die Riesennatur sich wiedergefunden.

Ich war ich selber und auch der Reitknecht. Das ist das Symbol seiner objektivierenden Kunst.

Bismarck besaß die Fähigkeit, in den wichtigsten Momenten, während der schwierigsten Verhandlungen, in der größten Aufregung die Szenerie zu sehen, in der er stand, und hat sie dann bis zum Tode nicht vergessen. Ja, er konnte, ein durchaus sinnlich reagierender Organismus, das Bild der Szene nicht mehr trennen von dem darin Geschehenen und Gesprochenen. Dies führte ihn zuweilen auf Abstraktion und Beobachtung des innerlich Dramatischen solcher Vorgänge.

Das alles fällt besonders auf bei einem Manne, der nicht wie ein Abenteurer oder Wanderer die Szenen zu wechseln und in absonderliche Umgebungen zu treten gewohnt war, vielmehr als Diplomat sein Leben mit Korrespondenz und Gesprächen füllte, für deren Abhaltung, Empfangnahme oder Erzeugung die wechselnde Szene ohne Belang blieb. Und doch kann er keine bedeutsame Szene schildern, ohne des Milieus zu gedenken, wenn anders es irgend vom allgemeinen abwich.

Oder kann man es anders als Bewußtsein der typischen Lage nennen, wenn er etwa als Deichhauptmann während der Überschwemmung schreibt: „Ich schicke allerhand Beschwörungsformeln vom Schreibtisch in die Welt, durch deren Zauber sich Massen von Brettern und Handkarren aus dem Innern des Landes gegen die Elbe hin bewegen."

Während der heftigsten Empörung über das „hochverräterische" Ansinnen bemerkt er, daß die Prinzessin Augusta im März 48 den Vorschlag zur Entsetzung des Königs und ihres Gemahls zugunsten ihres Sohnes ihm in einem niedrigen Dienerzimmer macht und dabei auf einem fichtenen Stuhle sitzt. Und als er in denselben Märztagen den Generalen die Notwendigkeit selbständigen Handelns ans Herz legt und Prittwitz ihn fragt, wie man das anfangen soll, klimpert er „auf dem geöffneten Klavier, neben dem ich saß, den Infanteriemarsch zum Angriff. Möllendorff fiel mir in Tränen um den Hals und sagte: Wenn Sie uns d a s besorgen könnten!"

Als er eben dem jungen Kaiser Franz Josef vorgestellt ist, zu dem er eine Mission nach Pest hat, macht er mit ihm und dem Hof eine Lustfahrt ins Gebirge, auf der er zum erstenmal mit dem Monarchen ungestört spricht. Dabei sieht er aber dieses Souper auf dem Rasenabhang mit Aussicht unter hohen Bäumen, auf denen ungarisches Volk herumklettert, hört Hörnermusik und wilde Zigeunermelodien, bemerkt „Beleuchtung, Mondschein und Abendrot, dazu Fackeln durch den Wald: das ganze konnte unverändert als große Effektszene in einer romantischen Oper figurieren."

In Petersburg begräbt man mit Kaiser und Parade einen alten Fürsten. Bismarck sieht sich, als die Kirche leer geworden „in der schwarzverhangenen Kirche mit Gortschakoff auf dem Katafalk und der Totenkopfdecke von Samt sitzen, arbeitend. Der Prediger hatte über den Vergänglichkeits-Psalm geredet, und wir planten, als stürbe man nie."

Im Frühjahr 62, düster gestimmt, zweifelnd an der Festigkeit des Königs, fühlt er, wie er den Schlagbaum der heimatlichen Grenze bei Eydtkuhnen nicht mit demselben freudigen Gefühl passiert als bis dahin bei jedem ähnlichen Anlaß. Als er im Jahre darauf den Kronprinzen während des Konfliktes mit seinem Vater fragt, warum er sich von den Staatsrats-Sitzungen zurückzöge und nicht lieber seine abweichenden Prinzipien darin verträte, bemerkt er am Kronprinzen, der offenbar glaubt, Bismarck wolle den Übergang in seine Dienste anbahnen, den „feindlichen Ausdruck olympischer Hoheit", kann ihn Jahre lang nicht vergessen und sieht noch 30 Jahre später vor sich „den zurückgeworfenen Kopf, das gerötete Gesicht und den Blick über die linke Schulter. Ich unterdrückte meine eigene Aufwallung, dachte an Carlos und Alba und antwortete, ich hätte in einer Anwandlung dynastischen Gefühls gesprochen."

Im August desselben Jahres sieht er sich in den Gasteiner Anlagen sitzen an einer tiefen Schlucht. „Über mir befand sich ein Meisennest und ich beobachtete mit der Uhr in der Hand, wie oft in der Minute der Vogel seinen Jungen eine Raupe... zutrug." Nun bemerkt er den König auf der anderen Seite der Schlucht, allein auf einer Bank. Zu Hause findet er dann ein Billett des Königs vor, das ihn an jene Bank entbieten sollte, um wegen der Begegnung mit Franz Josef vorher Rücksprache mit ihm zu nehmen. Er kommt zu spät. „Wenn ich weniger lange mich bei der Naturbetrachtung aufgehalten und den König früher gesehen hätte, so würde der erste Eindruck, den die Eröffnungen des Kaisers auf den König gemacht haben, vielleicht ein anderer gewesen sein."

Kurz darauf, als er den König in jener leidenschaftlichen Erregung in Baden zur Absage am Frankfurter Fürstentage bewogen, der sein ganzes Werk in Frage stellen sollte, sieht er sich selbst in seiner Ermattung, „daß ich mich kaum auf den

Beinen halten konnte. Als ich das Zimmer verließ, taumelte ich und war nervös so aufgeregt, daß ich beim Zumachen der Tür des Vorzimmers draußen die Klinke abriß. Der Adjutant fragte mich, ob ich unwohl sei. Nein, erwiderte ich, jetzt ist mir wieder wohl!" Und gleich darauf sieht er sich trotz seiner Aufregung einen auf dem Tisch stehenden Teller mit Gläsern zerschlagen und hört sich noch durch das Fieber rufen: „Ich mußte etwas zerstören, jetzt habe ich wieder Atem!"

Je bedeutsamer die Situationen werden, um so schärfer sieht er sich selbst. Das Gegenteil wäre natürlich, weil in solchen Stunden Aufregung und Kulmination des Schaffens- wie des Verantwortungsgefühles alle Begleiterscheinungen zu verwischen pflegen. Ganz genau schildert er die szenische Situation im Vorzimmer des Königs zu Nikolsburg, während er darin die schwerste Stunde seiner Bahn erlebt. Am 13. Juli 70 findet das berühmte Diner à trois mit Moltke und Roon statt, während dessen Bismarck die Emser Depesche erhält und redigiert. Man kennt die Schilderung dieser Stunde aus seinen Memoiren. Noch jetzt verläßt ihn nicht die Beobachtung seiner selbst und seiner beiden Gäste, deren Stimmungswechsel er bis in die Details des Appetites schildert.

Als er aus Versailles den Grafen Holnstein zum König Ludwig schickt, in dem Augenblick, da die Kaiserfrage äußerst kritisch wird und alles an dem Schweigen Bayerns und an der Abneigung des Königs Wilhelm zu scheitern droht, sieht er sich wiederum, wie er dem Könige schreibt „auf einem abgedeckten Eßtisch, mit widerstrebender Tinte".

Zwei Monate später wird er Fürst. Er beschließt, den König um Verzicht auf seine Absicht zu bitten aus Gründen seines Vermögens und seiner Lebensverhältnisse überhaupt. „In Erwägung aller Gründe gegen eine Standeserhöhung langte ich auf den obersten Stufen der Schloßtreppe an und fand dort zu meiner Überraschung den Kaiser an der Spitze der königlichen Familie, der mich herzlich und mit Tränen in seine Arme schloß, indem er mich als Fürsten begrüßte."

Noch in den 80er Jahren hat er einen Kampf mit seiner mächtigen Feindin Augusta zu bestehen, weil sie in einer katholischen Frage ihren Gemahl gegen Bismarck beeinflußt. Am Abend bittet er sie in der Unterhaltung, die schon bedenkliche Gesundheit ihres Gemahls zu schonen und ihn nicht zwiespältigen Einwirkungen auszusetzen. Diese unhöfische Andeutung hatte „einen merkwürdigen Effekt: Ich habe die Kaiserin Augusta im letzten Jahrzehnt ihres Lebens nie so schön gesehn wie in diesem Augenblick. Ihre Haltung richtete sich auf, ihr Auge belebte sich in einem Feuer, wie ich es weder vorher noch nachher erlebt habe. Sie brach ab und ließ mich stehen und hat nachher gesagt: Unser allergnädigster Reichskanzler ist heute sehr ungnädig!"

Fast alle diese Beobachtungen hat Bismarck nicht bloß an Ort und Stelle gemacht, er hat sie noch ein Menschenalter später geschildert: so tief saß der sinnliche Eindruck.

Wir wenden uns an diesem Punkte, um aus dem Labyrinth dieser problematischen Seele den

Ausweg zurück in die Welt zu finden, die ihn zum Zweikampf aufrief. Wir wissen, daß die verschlungenen Gänge ihre Verzweigungen noch tiefer ins Innere senden mögen. Wie es aber kapillarische Röhren von solcher Feinheit gibt, daß sie zwar das mikroskopierende Auge noch unterscheiden, keine Lanzette aber mehr spalten kann, so hört an einem gewissen Punkte auch die psychologische Analyse auf, in Worten mitteilbar zu sein.

DAS DUELL MIT DER WELT

.

DER AUTODIDAKT

Der Genius, der entschlossen schien, in engen Kreisen die Kräfte zu ermüden, die in den Wirbel der Welt zu werfen ihn das Gesetz dieser Welt vom langsamen Aufstieg schreckte, stand im Begriff, sich in Schönhausen einzuspinnen: Gutsherr, Berater seines Kreises, Herr des Flusses, Gatte und, wie er hoffen durfte, bald Vater, bereit im Krieg dem Könige zu folgen, Leidenschaft an die Ketten von Skepsis und Glauben fesselnd, Dämonie wie Feuerwerk verpuffend. So hätte er sich in jenen kleinen Ereignissen zerrieben, deren Deutung allein den Platoniker befähigt, sie zum Werte weltgeschichtlicher Évenements im persönlichen Organismus zu erhöhen.

Da zieht die Welt den Genius aus der Dunkelheit.

Bei Bismarck kam alles spät, und wenn man den 32jährigen sich sammeln, dann durch scheinbare Zufälle in die Politik geraten, den 36jährigen den ersten Schritt in die Diplomatie machen sieht, denkt man daran, daß Goethe sich fast 40jährig entschloß, doch nicht Maler zu werden.

Wie reagierte diese Seele auf ihren großen Gegenspieler, die Welt? Welche von seinen Trieben und Hemmungen, Dunkelheiten und Leidenschaften, Idealen und Rassenerbschaften übte er mehr als andere an der Welt?

Wir werden die Mischung zu bestimmen suchen, mit der er jeweils aus den in ihm wirkenden Säften den Trank gebraut, den er, Gift oder Arznei, der Welt gereicht, sie zu betäuben, zu heilen oder zu vernichten.

Nur Eine Eigenschaft, die er in den Kampf mit der Welt mitbrachte, erklärt sich nicht aus jener Analyse, sondern aus seiner Entwicklung. Er war Autodidakt.

Das Jahrzehnt, das andere durch langsame Erwerbung sachlicher Kenntnisse und technischer Fähigkeiten auszufüllen haben, lag frei vor ihm, er konnte, neben aller heilsamen Lebenspraxis, jene tiefe und umfassende Bildung erwerben, die dann in dem entscheidenden 33. Lebensjahre fertig wie sein Charakter in ihm lag und wie dieser nicht weiter entwickelt wurde. Denn nun mangelt ihm die Zeit. Aber das Jahrzehnt hat ihm ein Wissen und eine geistige Kultur verliehen, wie sie unter modernen Staatsmännern großen Stiles kaum wieder zu finden ist. Dies allgemeine Wissen in seiner Tiefe und Weite blieb stets in ihm lebendig, zwischen 30 und 80, und wie aus einer offenen Schale konnte er jederzeit die Beispiele, Gleichnisse, Warnungen daraus nehmen, die der Augenblick für ihn selbst und für die Welt erfordern mochte.

Darüber hinaus hat ihm dieses Jahrzehnt an Stelle einseitiger Elastizität soviel an Fahrten und Abenteuern, an Stößen, Gegenstößen und Beobachtungen eingetragen, daß er aus ihm rundum ein Mensch hervorging. —

Eines Tages, im Mai 47, erkrankt einer der Abgeordneten der Provinz am Vereinigten Landtag in Berlin und kann der Verhandlung nicht mehr beiwohnen. Bismarck ist der nächste, ihn zu vertreten; er hätte ablehnen können, dann wäre der folgende berufen worden. „Nun haben indessen die Magdeburger Stände, als unter den sechs Stellvertreterposten der erste vakant wurde, anstatt, wie es sonst üblich war, den zweiten usw. jeden eine Stelle vorrücken zu lassen und den sechsten neu zu wählen, ausnahmsweise mich, der ich ganz neu in der Provinz war und noch gar nicht einmal Stellvertreter, sofort zum Ersten von den Sechsen erwählt. Sie wurden hierzu teils dadurch bestimmt, daß sie zu mir ein ganz besonderes Vertrauen hatten, teils dadurch, daß der Zweite für unfähig gehalten wurde. Dieser würde nun jetzt Stellvertreter, wenn ich ablehnte."

Symbolisch beginnt Bismarcks Laufbahn mit seiner Berufung außer der Reihe. Politisch völlig unbekannt, Autodidakt schon hier, flößt dieser Junker den Magdeburger Ständen besonderes Vertrauen ein: man beruft ihn gegen die Regel zum Stellvertreter. Und auch das „Glück" spielt hinein, ein Eckchen: der andere ist unfähig. Eine Konstellation wie beim Auftritt eines Helden des Balzac. Von außen gesehen nimmt Bismarck die Berufung an aus Pflichtgefühl, weil der andere schaden würde, von innen gesehen, weil der im Dunkeln stehende Genius ans Licht will. Er ergreift, wie bei Balzac, im Bewußtsein seiner Kräfte den Haken, den ihm der Zufall zuwirft, um sich an Bord zu schwingen.

Mit dem Erkrankten vereinbart er ausdrücklich, daß er ihn wieder ablöse, wenn er gesundet. Nun geschieht zweierlei: Der Abgeordnete gesundet nicht, Bismarck aber wird in zwei Augenblicken in die Flut gerissen. „Die Sache ergreift mich viel mehr als ich dachte," schreibt er nach seiner ersten Sitzung.

Gleich in den ersten Tagen spricht er zweimal

und fällt dem Könige auf. Dagegen schläft er in den Sitzungen ein, in denen „die haarspaltenden Juristen und die eitlen Schönredner eine einfache Sache so breit treten". Niemals hat sich Bismarck, obgleich er einige Jahre die Rechte studiert und praktiziert hatte, als Jurist gefühlt, immer als Feind der Juristen. Überhaupt verliert er nie das Bewußtsein, hier eigentlich ein Fremder zu sein, wiederholt spricht er von der Stellung, in die er „nun einmal hineingeraten", und es ist in den Merkmalen seiner Rasse das starke Ehrgefühl, das ihn jetzt hindert, einen „feigen Rückzug" anzutreten, — in der persönlichen Struktur seiner Seele ist es Dämonie, die ihn jetzt hält, nachdem er sich spontan gleichsam verraten.

Dasselbe Schauspiel, nur lebhafter gefühlt, weil mit der Größe der Stellung das Autodidaktische an Sichtbarkeit in die Weite zunahm, trägt sich zum zweiten Male vier Jahre später zu. Diesen Mann, der nie in einem Ministerium gearbeitet, nie über Referendarkenntnisse hinaus juristische Schriftstücke gelesen, der nie Sekretär oder Attaché einer Gesandtschaft war, ernennt der König zum Gesandten am Frankfurter Bundestag, d. h. er überträgt ihm den zur Zeit wichtigsten Posten der preußischen Diplomatie. Damals erinnerten die Zeitungen an den Scherz des witzigen Dechanten von Westminster über Lord Russell: „Der Mensch würde auch das Kommando einer Fregatte oder eine Steinoperation übernehmen." Und in Frankfurt nennt man den Junker sogleich den Diplomaten en sabots.

Der König, ein kluger, aber kein klarer Kopf, apostrophiert den Mann, den er doch selbst in Kenntnis seiner formellen Unkenntnis erwählt hat, in der entscheidenden Audienz merkwürdig: „Sie haben viel Mut, daß Sie so ohne weiteres ein Ihnen fremdes Amt übernehmen." Schlagend wie in dem lang durchdachten Dialog eines Dramatikers antwortet Bismarck unmittelbar: „Der Mut ist ganz auf Seiten Eurer Majestät."

Wieder findet man in ihm die Kenntnis seiner eigenen Person und Lage. Er will nicht sofort eine selbständige Stellung annehmen, weil er sich sonst „wegen Unkenntnis der aktenmäßig üblichen Formen blamieren würde", wozu er keine Neigung habe. Indessen er muß. „Ich muß", schreibt er in den ersten Frankfurter Tagen, „ununterbrochen arbeiten, um mich erst notdürftig bekannt zu machen mit dem, was ich treiben soll." Und schon am Tage der Ankunft schreibt er „noch ganz verblüfft davon, vom Rad des Lebens so plötzlich gefaßt zu sein", er müsse sich erst alles zurechtlegen und sich gewöhnen „ein regelmäßiger Arbeiter und trockener Geschäftsmann zu sein, viel und feste Arbeitsstunden zu haben und alt zu werden. Dann muß ich einen großen Train und Haushalt führen, und du, mein armes Kind, mußt... steife Hecke spielen, Diners und Bälle geben, schrecklich vornehm tun, Exzellenz heißen und mit Exzellenzen klug und weise sein."

Eine Frische geht von solchen Worten aus, wie man sie an dem dunklen Manne selten spürt. Es ist wie die Frische eines Wunderkindes, das sich in goldenen Salons verwöhnt fühlt, staunt und dennoch lieber in seine gewohnte Stube zurückkehrte. „Ich bin bange bei dieser plötzlichen Vornehmheit und ich sehne mich mehr wie je nach Dir." Noch eben ein Gutsbesitzer mit mäßigem Vermögen, der in der Hauptstadt als Abgeordneter tätig war, ist er erstaunt, nun plötzlich für 5000 Gulden zur Miete zu wohnen und einen französischen Koch zu halten, um Diners an Königs Geburtstag zu geben, „was niemand vor einem Jahre gedacht hätte". Das ist die Szenerie.

Sobald er hineingeblickt, erwachen die drei siegreichen Triebe des Autodidakten in ihm: Natürlichkeit, Selbstbewußtsein und Verachtung. Sogleich sieht er an den Fachleuten bestätigt, was er ohne Gründe und Beweise von ihnen immer vorausgefühlt. „Die Herren hier sind unausstehlich. Wenn ich einen anrede, setzt er ein diplomatisches Gesicht auf und denkt nach, was er antworten kann, ohne viel zu sagen, und was er über meine Äußerungen nach Hause berichten kann. Die nicht so sind, konvenieren mir noch weniger: sie reden Zweideutigkeiten mit den Damen."

Dies ist Bismarck, der Landedelmann, der unter verbrauchte Städter tritt.

Als er acht Tage Diplomat ist, erklärt er bereits: Wenn nicht äußere Ereignisse einträten, die niemand am Bundestag voraussehen oder leiten könne, wisse er ganz genau, „was wir in ein, zwei oder fünf Jahren zustande gebracht haben werden, und will es in 24 Stunden zustande bringen, wenn die anderen nur einen Tag lang wahrheitsliebend und vernünftig sein wollen. In der Kunst mit vielen Worten gar nichts zu sagen mache ich reißende Fortschritte, schreibe Berichte von vielen Bogen, die sich nett und rund wie Leitartikel lesen."

Dies Autodidaktentum, das sich aus seiner ganzen Vergangenheit ergab, macht ihm das Amt, wenn auch nicht auf die Dauer schwer, so doch zu Anfang und auf die ganze Dauer schwer erträglich. Er klagt, von früh bis Abend galérien des Dienstes zu sein, er, der 12 Jahre lang ein unabhängiger Landjunker gewesen sei, „d. h. bodenlos faul", und bewundert sich täglich, wie weit es ihm dennoch gelänge, seiner „angeborenen Tintenscheu und Faulheit Gewalt anzutun".

In 40 Jahren verstummt diese Klage nicht mehr, nie hört er auf, das Diplomatengewerbe zu verachten. Immer hat er sich ihm fremd gefühlt. Er will Landedelmann sein, nicht „Schreiber". Dem Freunde Motley schreibt er im Jahre 63: „I hate politics, aber wie Du sehr richtig sagst, like the grocer hating figs." Er hätte nie geglaubt, in seinen reifen Jahren genötigt zu sein, „ein so unwürdiges Gewerbe wie das eines parlamentarischen Ministers zu betreiben". — Hätte ihn nicht das Werk gefesselt, er hätte es nicht ausgehalten.

Im fernen Anblick eines großen Staatswirkens vergißt man leicht und gern, daß es in überliefertem Rahmen spielen, daß es mit Kenntnis und mit Rücksicht eines bestimmten Faches durchgeführt werden muß, daß also dieser Künstler im Stoffe der Realität nicht frei spielen darf, wie jene, deren Stoffe wohl spröde sind, aber nicht selbständig gegenwirken.

Der dritte Tag, an dem Bismarcks Autodidaktentum aller Welt deutlich wird, ist jener, an dem er

Minister wird. Er war nun ein Jahrzehnt Diplomat auf den drei wichtigsten Posten, man sollte meinen, er habe eingeholt, was ihm etwa gefehlt. Aber das odium bleibt ihm haften. Die gegnerische Presse, d. h. im Jahre 62 neun Zehnteile aller Blätter, erklärt ihn für einen Abenteurer, der vom Landedelmann plötzlich Diplomat würde, und prophezeit ihm Straffords Schicksal. Gustav Freytag sagt voraus, er werde sich kein Jahr halten, und die Kammer preist den Anatomen Virchow als einen „unzünftigen Politiker", während von den Studien des „zünftigen" Diplomaten Bismarck (ironisch) bisher niemand etwas erfahren habe.

Und all das ist richtig! Sein diplomatischer Habitus blieb immer der eines Autodidakten, — freilich eines Genies. Er machte, er wagte, er sagte Dinge, die unter seinen Kollegen unmöglich oder unbekannt waren. Und noch, nachdem er 25 Jahre an der Spitze des Staates gestanden, sagt er rückblickend im Reichstage: gewiß hätten viele der Anwesenden mit ihm dieselben Ziele erstrebt, aber ihnen sei der Gedanke wohl unerträglich gewesen, „daß ein Fremder ihnen die Aufgabe vorweg nähme."

Daß Bismark als Autodidakt in sein Amt trat, warf Licht und Schatten in sein Amtsgebäude. Zunächst muß ihn alles Zünftige aufregen, er muß Feind aller Bureaukratie sein, die er als „Produkt geheimrätlicher Allgewalt und dünkelhafter Professorenweisheit" definiert. Privatim drückt er sich noch ganz anders aus: „Die neugierigen Schafe von Regierungsräten, die nicht wissen, wie sie ihre Zeit hinbringen sollen...", das ist eine Probe.

Daß er selbst Geheimrat werden muß (für einige Monate, ehe er Exzellenz wurde), erklärt er für eine Ironie, mit der ihn Gott für all sein Lästern über Geheimräte strafe. Als Minister schafft er die Kurialien im Anfang der amtlichen Schreiben ab.

Andererseits verlangt er, wie seine Mitarbeiter versichern, zuweilen Unausführbares, weil ihm nicht alle Verwaltungsgesetze geläufig sind. Bricht dann sein Plan an einem Paragraphen, der ihm unbekannt geblieben, so schilt er wohl statt des Paragraphen den, der berufen ist, ihn ihm entgegenzuhalten. Auch daß er selbst Autodidakten als Mitarbeiter bevorzugt, hat darum seine Bedenken, weil die Ressorts Fachleute brauchen, und weil nicht alle Autodidakten Genies sind. Als der Bürgermeister Forkenbeck, dem Bismarck das Finanzportefeuille anbot, ihm entgegenhält, er verstehe nichts von Finanzen, sagt Bismarck: „Um so unbefangener werden Sie an die Geschäfte herantreten."

Zuweilen aber tut er aus demselben Instinkt die glücklichsten Griffe. Als er im Jahre 62 sein Ministerium zusammenstellt, setzt er den hochbefähigten Grafen Eulenburg als Inneren Minister beim Könige durch, weil er für dies zurzeit wichtigste Ministerium mehr auf persönliche Begabung, Geschick und Menschenkenntnis achtet als auf technische Ausbildung.

Als Autodidakt schätzt er Wert und Macht der typischen Autodidakten, der Journalisten, höher als irgendein Staatsmann vor ihm. In Paris läßt er an einem Tage drei Diplomaten, darunter einen

Botschafter, abweisen, empfängt aber fünf Journalisten und erfährt von diesen „mehr, als er von jenen erfahren hätte, die alle mehr oder weniger Lehrlinge von Macchiavelli und Talleyrand sind."

Vor allem macht ihm der lange Kursus in der Landwirtschaft, den er statt des juristischen Staatsexamens absolviert, macht ihn der Landbesitz, den er nicht nur ererbt, sondern verwaltet und hochgebracht hat, unter den Regierenden zugleich zu einem Regierten, der, wie er sagte, mitempfindet, „wo und wie die Schuhe drücken, die uns vom grünen Tisch der Gesetzgebung her angemessen werden. Die Minister, ihre Räte, die Mehrzahl der Abgeordneten sind gelehrte Leute, ohne Besitz, ohne Gewerbe, unbeteiligt an Industrie und Handel (Bismarck hatte später Sägemühle und Papierfabrik), außerhalb des praktischen Lebens stehend; ihre Gesetzentwürfe, überwiegend Juristenarbeit, stiften oft Unheil."

Diese Kenntnis der Praxis an Stelle der Form ist das letzte, was man dem Genie noch wünschen würde, hätte nicht eine merkwürdige, rückwirkend segensreiche Entwicklung sie ihm verliehen.

DER REALIST

Napoleons und Bismarcks sinnfälligste Ähnlichkeit ist: ihr Haß gegen die Ideologen.

Theoretisch hat Bismarck nur diesen einzigen Todfeind besessen. Die Ideologen, die Dogmatiker, die Undynamischen sind es, die nicht müde werden, ihm den Mangel ihrer Tugenden vorzuwerfen: er hätte keine „Ideale", keine „Prinzipien", keine „Gefühle".

Wäre Bismarck kein Problematiker gewesen, er hätte diese Vorwürfe so voll verdient wie jene ungebrochenen Helden der Macht, die zuletzt vor dem ci-dit Morgenrot aufgeklärterer Jahrhunderte versanken. So aber konnte er die Werte, deren Mangel ihm die Ideologen nicht verziehen, nicht ganz für sich in Anspruch nehmen, und eben deshalb mag er sich doppelt an ihnen geärgert haben. Ihn kränkten diese Töne, weil er ihnen in einsamen Stunden nachhing und mancher Kampf mit sich selber den Kämpfen mit jenen vorausging. Napoleon kränkte sich viel weniger. Der Borgia lachte.

Daß Bismarck als Realist auf die politische Welt reagieren mußte, als er mit ihr zusammenstieß, folgt aus seiner Nüchternheit, seiner Gewaltsamkeit, seiner Skepsis. Diese Trias schuf notwendig einen Realpolitiker. Aber auch sein Fatalismus regte ihn dazu an: „Die Einflüsse und Abhängigkeiten, die das praktische Leben des Menschen mit sich bringt, sind gottgewollte Realitäten, die man nicht ignorieren soll und kann."

Virchow hat das Wort gefunden, das die ewig

unüberwindliche Fremdheit der Ideologen zu den Bismarcks in ein ungewolltes Epigramm ballte, als er im Herbst 66 nach dem Kriege rief: „Hüten wir uns, den Götzendienst des Erfolges zu treiben!" Bismarck aber lenkte einen Staat, den von Erfolg zu Erfolg zu führen seine ausschließliche Aufgabe vor Gott und seinem König war. Er hatte, wie jeder große Staatsmann, in der Welt nichts anderes vor, als einen Götzendienst des Erfolges durch seine Taten zu ermöglichen. Und als ihm Richter immer aufs neue Torheiten aus seiner Vergangenheit vorwarf, bat Bismarck ihn, das doch zu lassen, und fügte hinzu: „Ich könnte ein viel üblerer Mensch sein als ich bin, und doch sachlich recht haben."

Die theoretische Konsequenz, die man von ihm forderte, die Prinzipien, die man an ihm vermißte, verachtete er, wo immer ihn die Umstände zwangen. „Die Politik", so faßte er sich 70jährig im Reichstage zusammen, „ist eben keine Wissenschaft, wie viele der Herren Professoren glauben, sie ist eben eine Kunst."

Bei jedem Schritt, den er auf dem Wege zu seinem Werke tat, haben die Ideologen das Gegenteil von ihm verlangt. Im Jahre 63 wollten sie, die damals das Parlament beherrschten, die polnische Insurrektion gegen Rußland ermutigen, denn sie dachten, wie Bismarck ihnen 20 Jahre später rückblickend zurief: „Mein Gott, da ist Lärm, da ist Aufstand, da ist Insurrektion, kurz und gut, da wird eine Regierung angegriffen: das erregt unsere Sympathie." Mit Gefühl trat man damals für die Freiheit der Polen ein. Bismarck dachte rationeller: „Haut doch die Polen, daß sie am Leben verzagen," schrieb er kurz zuvor privatim, „ich habe alles Mitgefühl für ihre Lage, aber wir können, wenn wir bestehen wollen, nichts anderes tun als sie ausrotten. Der Wolf kann auch nicht dafür, daß er von Gott geschaffen ist, wie er ist, und man schießt ihn doch dafür tot, wenn man kann."

Das ist derselbe Mann, der zögert, das nötige Holz auf seinem Gute zu fällen: „Es jammerte mich so"; derselbe, der auf der Jagd nicht schießt, weil er „nur Mütter und Babys" sieht, die er nicht trennen will; derselbe, der jede Bettelei von seinem Sekretär an Ort und Stelle untersuchen läßt und inmitten aller Staatsgeschäfte prüft, wie hoch der Bittsteller aus seiner Privatkasse zu unterstützen sei; derselbe, der in Frankfurt einen alten preußischen Kanzleidiener, den der Minister nicht pensionieren will, selbst privatim pensioniert, — aber wiederum derselbe, der in Versailles nach einem Ausfall einen zweitägigen Waffenstillstand nicht bewilligen will, weil wenige Stunden für Fortschaffung der Verwundeten genügen, und „die Toten ebensogut über als unter der Erde liegen".

Man denkt an Macbeth: Die Sache will's! So ist seine Haltung.

Aber es braucht nicht zum Konflikt zwischen Mitleid und Egoismus zu kommen, auch um anderer Ideale willen stoßen sich Bismarck und die Ideologie. Ein Jahr nach dem polnischen Handel kommt der dänische. Die Professoren wollen sich für das sehr bestrittene Recht des

Augustenburgers schlagen. Bismarck zieht es vor, die Herzogtümer zu annektieren. Ein Jahrzehnt später ruft die Humanität seine Gegner auf, die in Ungarn lebenden Deutschen zu schützen. Der Realist warnt vor „Sentimentalitäten", weil dadurch die Magyaren ins feindliche Lager getrieben würden und eine solche Verbindung gefährlich sei. Der Mann, der Preußen liebt wie einen Vater, erschreckt den feinfühlenden Hobrecht durch seine Rücksichtslosigkeit, der alte preußische Traditionen zuweilen „nicht heiliger als Perückenstöcke" seien. Die Ideologen werfen ihm vor, daß er der Reihe nach mit nahezu allen Parteien paktiert und kämpft. „Alle Systeme, antwortet er, durch die die Parteien sich getrennt und gebunden fühlen, kommen für mich in zweiter Linie. Doktrinär bin ich in meinem Leben nie gewesen." — Historisch könnte man begründen: Das Genie hat keinen Wahlkreis.

Den französischen Unterhändlern rät er in Versailles: „Man muß seinem Vaterlande nach den Umständen dienen, nicht nach seinen Meinungen." Hier liegt der tiefste Grund jener leidenschaftlichen Antithese zu den Ideologen in zwei Worten beschlossen. Und er fügt hinzu, den Franzosen ein Aperçu in ihrer Sprache wie einen Fangball zuwerfend: „La patrie veut être servie et pas dominée." Favre fängt den Ball auf, dreht und wendet ihn, findet keinen Eingang. „C'est un mot profond," antwortet er und denkt nach, wie er ihn Bismarck zurückwerfen kann.

Selbst wenn die Unversöhnlichen einmal dasselbe wollen, bekämpft er sie noch um ihrer

Gründe willen. Hier gerade spürt man die unterirdische Verbindung zwischen den Dogmatikern und dem Problematiker: solcher Streit ist echt deutsch. Er bestreitet, daß Steuern „aus Patriotismus" gezahlt werden, oder daß man Elsaß und Lothringen nehmen müsse, weil sie einmal deutsch gewesen: das sei eine Professorenidee. „Wir brauchen es vielmehr, weil die Vogesen eine bessere Westgrenze bilden und weil Metz diese Grenze stärkt."

Um Dogmen, um Gefühle haben sogar seine diplomatischen Mitarbeiter, hat selbst der König bitteren Streit mit ihm gehabt.

In den 50er Jahren wünscht Bismarck den Besuch Napoleons in Berlin, Frankreich würde, „wie die Dinge nun einmal liegen", den preußischen Einfluß diplomatisch überall erhöhen. Entsetzt weigern sich der König und alle Minister, mit der Verkörperung der Revolution Bündnisse zu schließen. Bismarck aber bleibt noch bis in die 60er Jahre dabei. Nach Sedan fördert dieser Royalist nicht etwa die prätendierenden Bourbons, sondern im Gegenteil die Republik, weil er von den Bourbons eher die Herstellung der Bündnisfähigkeit Frankreichs befürchtet.

Gegen Goltz verteidigt er im Jahre 63 den Londoner Vertrag: „Mögen sie ihn revolutionär nennen, die Wiener Traktate waren es zehnmal mehr, das europäische Recht wird eben durch europäische Traktate geschaffen. Wenn man aber an letztere den Maßstab der Moral und Gerechtigkeit legen wollte, so müßten sie ziemlich alle abgeschafft werden."

Dieser Mann bekennt einen „angeborenen

175

Respekt vor allen realen Mächten und Gewalten",
die Ideologen haben stets Respekt vor Ideen, Gefühlen und Prinzipien bekannt. Als er den Krieg
mit Österreich für unumgänglich erkennt, erklärt
er Metternich in Paris, gegen die „Phrase vom
Bruderkrieg" sei er stichfest, er kenne keine andere
als „ungemütliche Politik, Zug um Zug und bar".
Gleich nach Königgrätz fühlt er voraus, man werde
im Generalstab glauben die Welt erobert zu haben
und vergessen, daß man nicht mit Österreich
allein auf der Welt ist. „Wir sind ebenso rasch be-
rauscht wie verzagt", und er müsse Wasser in den
brausenden Wein gießen. Als dann wirklich in
Nikolsburg der König, aller Argumente für Fort-
setzung des Krieges durch Bismarcks Gegengründe
beraubt, aufgeregt und in lebhaftem Gerech-
tigkeitsgefühl ausruft, der Hauptschuldige könne
doch nicht ungestraft ausgehen, gibt Bismarck die
programmatische Antwort: wir hätten nicht eines
Richteramtes zu walten, sondern deutsche Politik
zu treiben. Österreichs Rivalitätskampf gegen uns
wäre überdies nicht strafbarer als der unsrige gegen
Österreich. Wir hätten nicht vergeltende Gerechtigkeit zu üben.

Will man zugleich sehen, wie sein Glaube sich
zu diesen Realismen stellt, so darf man nicht auf
Demut, man muß auf ein Gefühl schließen, analog
dem, das ihn vier Jahre später aus Versailles
schreiben ließ: „Im übrigen ist uns ein gut be-
handelter Napoleon nützlich, und darauf allein
kommt es an. Die Rache ist Gottes." So funktio-
niert seine Ideologie.

Dieser Mann, dem das Transzendentale in der

176

Form von Glauben und Aberglauben, von Fatalismus und Dämonie vertraut war, hat zugunsten seines Werkes alles in sich zurückgebannt, was dieses Werk, geplant und ausführbar einzig in der Realität, gefährden konnte. Er ist es, der das Wort geprägt hat: Die Politik ist die Lehre vom Möglichen.

Dies Aperçu hat er einmal in praxi schlagend in Worte gefaßt, die er im Jahre 66 im Parlament über die Dänische Frage sprach: „Ich habe stets an der Klimax festgehalten, daß die Personalunion mit Dänemark besser wäre als das, was existierte; daß ein selbständiger Fürst besser wäre als die Personalunion, und daß die Vereinigung mit Preußen besser wäre als ein selbständiger Fürst. Welches davon das Erreichbare war, das konnten allein die Ereignisse lehren.“

Seine Räte überliefern, daß er für jede Frage stets mehrere Lösungen bereithielt, von denen er die jeweilig mögliche benutzte. Als er einmal, im Jahre 67, im Parlament angegriffen wird, bekennt er, es wäre nicht seine Absicht, „ein theoretisches Ideal einer Bundesverfassung herzustellen, in welcher die Einheit Deutschlands auf ewig verbürgt werde. Eine solche Quadratur des Zirkels um einige Dezimalstellen näher zu rücken, ist nicht die Aufgabe der Gegenwart.“ Und immer wieder begegnet man der Fragestellung des Realisten: Nicht: was können wir wünschen? sondern: was müssen wir unbedingt haben?

Mit dieser Lehre vom Möglichen gleicht er einem Geschäftsmann größten Stils, dem die Stetigkeit seines bedachten Vorschreitens mit einer Sicherheit gegen plötzliche Fallissements belohnt wird, die genialen Spekulanten immer drohen. Er rechnet auch wie ein Geschäftsmann. In Versailles erwägt er vorübergehend den Gedanken, man könne eine Milliarde mehr verlangen und dafür Metz dem Feinde lassen, dann eine Festung ein paar Meilen zurückbauen (bei Falkenberg oder Saarbrücken), die 800 Millionen kosten würde: „Dabei profitieren wir bare 200 Millionen.''

Als Realist läßt er keine Situation aus Gefühl passieren, ohne sie zu nutzen. Kaum erfährt er von dem Hödelschen Attentat auf den Kaiser (das unblutig verlief), so telegraphiert er nach Berlin, es solle sofort ein Sozialistengesetz ausgearbeitet werden. 12 Tage später hatte der Reichstag schon Gelegenheit, dies Gesetz abzulehnen. Ebenso benutzt er das Kullmannsche Attentat auf ihn selbst dazu, dem feindlichen Zentrum von der Tribüne ins Gesicht zu sagen, der Mann hinge sich an seine Rockschöße, „es nutzt Sie alles nichts'', er habe ihm selbst als Grund für das Attentat angegeben, daß Bismarck seine Fraktion, das Zentrum beleidigt habe. —

Daß Bismarck dies alles ohne Skrupel fertig brachte, das ist bei einer so problematischen Natur gleichsam die Rache eines edlen Genius, der sich von einem Meer von Haß und Eifersucht, von Egoisten im Innern und Verrätern draußen bedroht sieht und nun „wie jeder ordentliche Mensch'' seine Kräfte nutzt. Es ist aber auch der Mann, der, gefangen von dem Gedanken an sein Werk, ihm alles opfert, was sein Inneres an Gefühlen und Dogmen belastet. Als Realist scheint Bismarck un-

178

problematisch, die Quellen aber strömen tiefer.

Immerhin erscheint er diesem Lichte un-
gebrochener als irgend sonst. Sein Ton ist Dur.
Wie Lebensfeuer geht es von dem Satz aus, den
der 70jährige im Reichstag sprach: „Die Sünde an
der Gegenwart halte ich für eine Todsünde.“

DER DIPLOMAT

Die Fähigkeit auf Menschen zu wirken, diese aktive Suggestionskraft, die aus Blick und Geste, aus Logik und Temperament, aus Härte und Schmeicheln sich mischen kann, ist je nach der Art solcher Mischung gewöhnlich oder extravagant: Je eigener das mixtum compositum, das man Persönlichkeit nennt, um so merkwürdiger der Kreis seiner Bezauberten.

Es bedarf, um auf eine Volksversammlung zu wirken, etwa einer großen Statur, einer mächtigen Stirne, schlichten Satzbaus, guter Geistesgegenwart, angemessener Schlagworte und einiger leicht verständlicher Anekdoten. Hätte Brutus nach Antonius gesprochen, die Römer hätten den Antonius gesteinigt. Lassalle besaß die seltene Fähigkeit, vor dem Volke nur so wenig aus sich herauszustellen, als es aufzunehmen vermochte. Ließ er dann im Salon die Fülle seiner Gaben spielen, so staunte man, daß dieser feingliedrige Geist imstande war, auf die Massen zu wirken.

Bismarcks Fähigkeit von einem Teile seines Ich zu abstrahieren, wenn es nötig war, korrespondierte mit seiner Nervosität und Selbstkontrolle und war fruchtbar nur im persönlichen Austausch. Die wuchtigen Reichstagsreden, deren berühmte Schlagworte oft wochenlang vorher erwogen waren (man kennt die Entstehungsgeschichte des Wortes vom „ehrlichen Makler") wirkten, wie übereinstimmend überliefert wird, im Anhören weniger als im Druck. Eine zu hohe Stimme und ein schweres Gebären der Worte mögen dazu beigetragen haben. Auch hört man nicht, daß er in den Wahlversammlungen in Brandenburg im Jahre 49 bedeutenden Eindruck hinterlassen. Sein Haß gegen die Phrase schadete ihm wohl.

Zum Volke hat er so gut wie nie gesprochen, einige Male vom Balkon nach dem Attentat und nach den ersten böhmischen Siegen. Das alles ist unbedeutend. Auch die Ansprachen vor Tausenden nach seinem Sturz, in Jena, Kissingen, Friedrichsruh sind meist ohne bedeutenden Wert.

Dagegen war seine Wirkung en petit comité oder unter vier Augen unvergleichbar. Aus der Kompliziertheit seiner inneren Struktur folgt, das ingenium immer vorausgesetzt, seine Wirkung auf Einzelne statt auf die Massen.

Dies war aber sein Beruf: er war Diplomat.

Gramont, damals Gesandter in Wien, gewiß nicht Bismarcks Freund, schildert diesen Diplomaten im Jahre 64: „Sein Lächeln beschränkte sich auf ein *plissure des lèvres*, er lachte nicht mit den Augen und schien beim Sprechen die Zähne zusammen zu halten, was besonders dem Französischen einen eigentümlichen Akzent gab. Man hatte die Empfindung, daß er immer kampfbereit sei, wenngleich er ein gewisses Sichgehenlassen in der Haltung affektierte und alle geheimen Angelegenheiten leicht zu nehmen schien. In seinen amtlichen Beziehungen hatte er noch nicht die, sozusagen despotische Autorität, die ihm die Gewohnheit des Erfolges gegeben zu haben scheint. Aber er war schon ungeduldig bei jedem Widerspruch und machte sich durch die absolute Art seiner Doktrin und die Kühnheit seiner Gedanken bemerkbar."

Es ist der Mann, der auf dem Gemälde von Becker, nun wieder ohne Vollbart, eine nervöse Eleganz zur Schau trägt, der Mann mit dem skeptischen Auge, das erst beobachtet, ehe der Mund sich öffnet.

Bismarck als Diplomat kennen Alle und Niemand. Aus den politischen Resultaten, die offen vor aller Welt liegen, schließt man auf diplomatisches Genie. Die psychologisch allein interessante Frage aber, wie er das alles erreichte, ist heute erst teilweise zu beantworten. Seine Berichte liegen noch in den Archiven. Kenner, die sie gelegentlich sahen, erklären, die amtlichen Briefe aus Petersburg gehörten zum großartigsten der diplomatischen Berichterstattung.

Daß dieser Mann die diplomatische, d. h. die Kunst der Verhandlung im Salonrock und mit der Feder, die er als Autodidakt ohne Übung plötzlich beherrschen mußte, gleich wie ein Meister bezwang, er, dessen Temperament auf Gewaltsamkeit gerichtet war, — ist wiederum das Zeichen jenes problematischen Wesens, das Stärke und Nervosität verband.

Statt, wie er wünschte, zeitlebens in Wäldern, auf Jagden, in Kriegen, im Sattel zu leben, hat er ein halbes Jahrhundert fast völlig am Schreibtisch verbracht oder an den Tafeln und in den Fauteuils der Diplomaten. Seine Leidenschaften waren dazu angetan, ihn zum Diplomaten untauglich zu machen, und an Wünschen und an Körperbau ist er das Widerspiel Talleyrands, den er nicht leiden konnte.

Was ihn zum Diplomaten fähig machte, war

seine Skepsis und Menschenverachtung, naturforschende Betrachtung, Nervosität und Objekti-
vierung von Ich und Welt.

Freilich steckt der Realist auch in dem Diplomaten. „Das Gefährlichste für Diplomaten, lehrt
der skeptische Realist, sind Illusionen. Man muß
sich zur Voraussetzung machen, daß der andere
ebenfalls nichts suche als seinen Vorteil. Darum
— keine Hingebung!" Auch die Benutzung
aller Mittel verrät den Realisten im Kern: so
sprach er z. B. das Französische vor französischen
Diplomaten zwar leicht, gab sich aber gelegentlich
den Anschein, als schwanke er über den oder jenen
Ausdruck, wenn er hochmütig und ironisch über
die Männer und Ereignisse des Tages sprach.
„Wenn er aber ein Wort zu suchen schien, so geschah es nur, um es dann besser, wie einen Pfeil
zu entsenden, und er fand stets den zugespitz-
testen Ausdruck."

Die Form der Frage lehrte er stets vermeiden:
geschickt müsse man das Gespräch auf den Gegenstand bringen, dann würde der andere, wenn er
wolle, das gewünschte freiwillig mitteilen; will er
schweigen, so wird er es trotz der Frage tun, aber
eine Mißstimmung über diese behalten, die auf die
schwebende Verhandlung ungünstig wirken kann.
Während man Geschäfte bespreche, sei es vorteil-
haft zu rauchen, man gewänne dadurch Zeit zur
Überlegung.

Er ist ein Künstler im Hinhalten. So hält er
Österreich jahrelang im Unklaren über ein mög-
liches Abschwenken Preußens zu Frankreich und
sagt darüber zu Goltz, die Furcht vor dem Übel

hätte mehr Wirkung als das eingetretene Übel selbst. So hat er Napoleon durch Jahre hingehalten. Und die Hinhaltung der Londoner Signatarmächte während des Dänischen Krieges hat er selbst wiederholt sein diplomatisches Meisterstück und ein Intrigenspiel wie in Scribes „Glas Wasser" genannt.

Von der geplanten Erwerbung der Elbherzogtümer konnte man vor dem Kriege laut nicht sprechen. Er befolgt also die Taktik von ihr als von etwas zu reden, das sehr erwünscht, aber ganz unmöglich sei, und als ob unter solchen Umständen die Herzogtümer lieber bei Dänemark blieben. So beruhigt er Frankreich, das sonst Einspruch erhoben hätte.

Die Kunst der Menschenbehandlung unter vier Augen übt er je nach Lage: liebenswürdig, drohend, hinterlistig, grob.

Thiers nennt ihn nach den Versailler Verhandlungen un barbare aimable. Den schlauen Favre bittet er zu rauchen, das wäre nützlich: „Das Auge ist beschäftigt, die Hand festgehalten, der Geruchssinn befriedigt, man ist glücklich. Sie, der Sie nicht rauchen, haben über mich einen Vorteil: Sie sind aufmerksamer, und einen Nachteil: Sie sind geneigter, sich hinreißen zu lassen."

Als in der entscheidenden, mitternächtigen Unterredung mit dem Augustenburger im Jahre 64 dieser auf Bismarcks Forderungen durchaus nicht eingehen will, ändert er diesem in der Luft schwebenden Herzog gegenüber, den er Hoheit tituliert und sehr artig angefaßt hatte, plötzlich den Ton, nennt ihn nur noch Durchlaucht und sagt ihm die plattdeutschen Worte: daß wir dem Küken, das wir ausgebrütet hätten, auch den Hals umdrehen könnten.

Napoleon hat er bei einer Unterredung im Jahre 57 mit vollendeter Kenntnis der menschlichen Psyche zu seinem Vertrauten gemacht. Der Kaiser, stets im Bann von Bismarcks Persönlichkeit, macht ihm, der ohne Akkreditiv in Paris ist, die vertraulichsten Vorschläge: dahin, daß er Preußen bei Erwerbung Hannovers und der Elbherzogtümer seine Mithilfe zusichern wolle, gegen das Versprechen der Neutralität im Falle eines französisch-österreichischen Krieges. Bismarck nimmt darauf nicht etwa eine Haltung an, um ohne Verpflichtung alles nach Hause zu berichten, sondern er erwidert: er sei doppelt erfreut, daß Seine Majestät diese Andeutungen gerade ihm mache, erstens um des Vertrauens, zweitens aber um dessentwillen, daß er vielleicht der einzige preußische Diplomat sei, der es auf sich nähme, diese ganze Eröffnung zu Hause und seinem Souverän gegenüber zu verschweigen. Tatsächlich könne von solcher Abmachung die Rede nicht sein. Folge: die Unterredung schließt, indem der Kaiser Bismarck für seine Offenheit dankt, Bismarck dagegen dem Kaiser Schweigen über seine Eröffnung gelobt. Tatsächlich hat er damals weder in Briefen noch in Berichten, sondern erst viele Jahre später, als sie praktisch wertlos geworden, die Sache mitgeteilt.

Er wußte, wie eng ein gemeinsames Geheimnis Menschen verkettet, und dies war seine Absicht mit dem Kaiser.

Eine andere Taktik ermöglicht ihm zuweilen Dinge, die er weiß, amtlich nicht zu wissen. Als im November 63 der dänische Gesandte zu ihm kommt, um die Publikation des neuen dänischen Grundgesetzes (Einverleibung der Herzogtümer) amtlich zu notifizieren, ruft Bismarck: „Schweigen Sie! Ich will es nicht wissen! Denn wenn ich es weiß, muß ich unseren Gesandten aus Kopenhagen abberufen."

Ähnlich hat er später, während der Luxemburger Krisis, Benedetti behandelt; dem er überhaupt seine besten Streiche spielte.

Am 1. April 67 besucht ihn Benedetti, um ihm zum Geburtstag zu gratulieren und zugleich amtlich den Ankauf Luxemburgs durch Frankreich mitzuteilen. Bismarck kennt den Inhalt der Depesche und fühlt, daß Krieg und Frieden in diesem Augenblicke entschieden werden. Er „kannte die weiche, geschmeidige und zögernde Natur Benedettis, der, wie alle Levantiner, gewaltsame Maßregeln scheute". Er hindert ihn, die Depesche aus der Tasche zu ziehen, er scheue ein politisches Gespräch, da er im Augenblick in den Reichstag müsse. Auf dem Gartenweg, der damals zwischen den beiden Gebäuden bestand, eröffnet ihm Bismarck, jetzt sofort müsse er eine Interpellation über den möglichen Ankauf Luxemburgs durch Frankreich beantworten. Deshalb sei eben, erwidert Benedetti, die vorherige Mitteilung seiner Depesche zu wünschen. Bismarck hindert ihn nochmals und skizziert ihm seine Rede: der Regierung sei nichts bekannt, er könne sich also jetzt nicht über ihre Absichten äußern. Keine fremde

Macht werde aber die zweifellosen Rechte deutscher Staaten beeinträchtigen, das sei seine Überzeugung. Nach dieser Erklärung bleibe eine freundliche Verständigung möglich. Wüßte er aber offiziell von dem geschehenen Kauf, so müßte er ihn dem Reichstag melden, und dann würde Preußen die Abtretung niemals dulden: ein ernster Konflikt sei unvermeidlich. „Nun frage ich Sie," sagt Bismarck am Ausgang des Gartenweges, „nochmals, haben Sie mir eine Depesche zu übergeben?" Benedetti verneint und empfiehlt sich. Die Folge dieses Spazierganges war bekanntlich statt eines Krieges die Londoner Konferenz, die Luxemburg für neutral erklärte und die Festungen schleifen ließ.

Während diese Frage schwebte, machte Benedetti Bismarck den Vorschlag eines Schutz- und Trutzvertrages, derart, daß Frankreich sich Belgiens, Preußen sich Süddeutschlands bemächtigen sollte. Bismarck läßt ihn dies aufsetzen und bewahrt das Papier. Nach Jahren, sechs Tage nach der Kriegserklärung Frankreichs, erscheint das Dokument plötzlich in den Spalten der Times. Zugleich gelangt die Photographie dieses Papieres der Französischen Botschaft mit Benedettis Handschrift in die Kabinette. Zweck und Folge dieser Publikation ist die größte Erbitterung allenthalben gegen Frankreichs Machinationen. Damit nicht genug: Bismarck erklärt offiziell, voll Ironie, er hätte sich zu dieser Veröffentlichung genötigt gesehen: denn ohne sie hätte ihm Frankreich vielleicht in diesem Augenblick noch angeboten, nach vollendeten Rüstungen auf beiden

Seiten an der Spitze einer Million gewappneter
Streiter dem übrigen ungerüsteten Europa nun
dieselben Forderungen aufzuzwingen, die ihm damals Benedetti gemacht.

Dies sind, soweit sie bisher bekannt geworden,
die Meisterstücke aus Bismarcks diplomatischen
Verhandlungen.

DER MENSCHENKENNER

Bismarcks diplomatische Kunst ist im wesentlichen Suggestionskraft, Berechnung der Lage, Kenntnis menschlicher Reaktionen. Darüber hinaus besitzt er die weiteste Kenntnis des Menschen überhaupt.

Dieser Betrachter, einst versenkt in die Schluchten seiner eigenen Seele, konnte, war er einmal Kenner der eigenen Labyrinthe, kaum an der Enträtselung einer fremden scheitern.

Als Begas ihn im Jahre 87 meißelte und entzückt Lenbach zurief: „Nein, dieses Auge! Sehn Sie nur, wie es über alles hinwegsieht!" sagte Bismarck: „Sie machen mir da ein sehr zweifelhaftes Kompliment." Dies naturforschende Auge, dem nichts entging, gab die Voraussetzung zu einer Menschenkenntnis, die dann in psychologischen Schlüssen sich bewährt. Als Aegidi in Varzin ein Storchnest beobachtet, vor dem gerade zwei Störche mit einer Störchin sich zu schaffen machen, folgert Bismarck, der dabei steht: „Ich sehe, Sie sind ein Freund französischer Romane." Begleitet er Besuche bis in ein Durchgangszimmer, wo sie sich empfehlen, so beobachtet er, daß die Militärs immer den (richtigen) Weg geradeaus, die Zivilisten seitwärts einen Weg zu finden suchen.

Er ist der schärfste Physiognomiker. Buchers hohen schmalen Schädel betrachtet er, ehe er seinen Träger kennt, in der Kammer und sagt sich: Der Mann gehört ja gar nicht in die Gesellschaft der Dickköpfe, bei denen er sitzt, er wird wohl einmal zu uns kommen. Bei einem Empfang steht er, zu spät gekommen, hinter einem Leutnant, den er von rückwärts nicht erkennt, denkt über den starken Haarwuchs seines Hinterkopfes nach und schließt: Da ist nichts von Garde-Pli, das ist ein Mann, den der Kommißdienst langweilt, er widmet sich Studien und wird wohl mal im Generalstab enden. Später erkennt er Keudell und braucht nur hinzuzufügen: „Nun muß ich wohl sagen: in einem Ministerium."

In Versailles betrachtet er an dem verhandelnden Favre genau, ob er wirklich weint, was er behauptet und Bismarck zu verschweigen bittet, — dann aber selbst veröffentlicht. „Er dachte vermutlich mit Schauspielerei auf mich zu wirken. Ich bin fest überzeugt, daß er weißgeschminkt war, besonders das zweitemal. An diesem Morgen sah er viel grauer aus, um den Angegriffenen und tief Leidenden vorzustellen."

Bei Aufstellung einer neuen Ministerliste, im Jahre 58, fragt ihn Prinz Wilhelm: „Halten Sie Bonin für beschränkt?" — „Das nicht, aber er kann nicht ein Schubfach in Ordnung halten, viel weniger ein Ministerium."—„Und Schwerin?" — „Sehen Eure Königliche Hoheit sein Profil an: dicht über den Augenbrauen springt die Schnelligkeit der Konzeption hervor, was die Franzosen mit primesautier bezeichnen, aber darüber fehlt die Stirn, in der die Phrenologen die Besonnenheit suchen. Schwerin ist ein Staatsmann ohne Augenmaß und hat mehr Fähigkeit einzureißen als aufzubauen."

Seine psychologischen Kenntnisse überraschen nicht. Er kennt die Wirkung der Leidenschaften aus der eigenen Struktur. An dem sehr begabten, aber ausschweifenden Grafen Eulenburg bemerkt er, als dieser älter wird, ein gewisses Popularitätsbedürfnis, „das ihm früher fremd gewesen war, solange er gesund war, um sich zu amüsieren."

Die schlichteste Belehrung des täglichen Lebens nimmt dieser Mann an, der keinen Rat duldet, und verwertet Aussprüche von Schönhausener Bauern im Parlament. Als alter Mann spricht er noch mit Verehrung von dem 90jährigen Kuhhirten, der ihn als Kind warnte, sich bei den Kühen herumzutreiben. „Die Kuh, sagte er, kann dir mit dem Huf ins Auge treten, die Kuh merkt nichts davon und frißt ruhig weiter, aber dein Auge ist futsch. Daran habe ich später öfters gedacht, wenn Menschen, ohne es zu ahnen, anderen Schaden zufügen."

Bismarck ist zeitlebens ein großer Freund und Erzähler von Anekdoten gewesen, in der Erkenntnis, daß die vogelfreie Anekdote oft tiefere Wahrheit über den Menschen birgt als die beglaubigte Geschichte. So beobachtet er auch alle kleinen Züge zur Erkenntnis des Menschen, Stellen aus Briefen seiner Vorväter weiß er auswendig, wo es sich scheinbar nur um Geldfragen oder Weinfässer handelt, und schließt daraus auf den ganzen Mann: Bismarck als Analytiker.

Bei so vielen Quellen der Erkenntnis des Menschen vermag er von einzelnen Personen vollkommene Charakteristiken in wenigen Worten zu geben, um so feinere, je komplizierter die Objekte. Prokesch von Osten, seinen Gegner in Frankfurt, schildert er als falschen Menschen, „der, wenn er log, die Hand des anderen ergriff, sich auf die Brust drückte und mit feuchten Augen zum Himmel emporsah, und der sich gern kleine Übergriffe in den Geschäften leistete, wie unzüchtige Leute beim Blindekuhspielen, indem er sich unerfahren stellte."

Von Lasker sagt er im Reichstage im Jahre 84, er hatte nach seiner Impressionabilität nicht mehr am Donnerstag denselben Eindruck wie am Montag, und, setzt er äußerst fein hinzu, wenn er gefragt und seine Meinung eingeholt wurde, so sah er die Sache günstiger an, als wenn er nicht gefragt wurde.

So vollkommen wie die Analyse, beherrscht er die Behandlung des Menschen auf Grund dieser Analyse. Bei einem Diner während der Gasteiner Verhandlungen vom Jahre 65 behauptet Graf Blome, der österreichische Bevollmächtigte, der Charakter eines Menschen sei am sichersten beim Quinzespiel zu ergründen. Bismarck kommt es darauf an, den leichtlebigen und frivolen Grafen, den er als passionierten Spieler kennt, vom Ernst der Situation zu überzeugen. Er nimmt nach Tische seine Einladung zum Spiel gegen alle Gewohnheit und Grundsätze an und spielt nun so tollkühn und waghalsig, gleichgültig gegen alle Verluste, daß auf Blomes Gesicht der Ausdruck zu lesen war: Das muß ja ein ganz rabiater Kerl sein. „Er hielt mich für waghalsig und gab nach." Und noch später war Bismarck überzeugt, daß dieser Eindruck den Abschluß des Gasteiner Vertrages beschleunigt habe.

Das Meisterstück der Kunst, Menschen nach

ihrer Art zu behandeln, hat er im November 70 mit seinem Brief an König Ludwig vollbracht, der dem König Wilhelm die Kaiserkrone anbieten sollte. Dem mit anderen Dingen beschäftigten Fürsten legte er den entsprechenden Brief an den Preußischen König im Entwurf gleich bei, und jener, krank und bettlägerig, schreibt ihn nur ab. So hat gewissermaßen Bismarck selbst seinem Könige die Kaiserkrone angeboten. Außerdem aber läßt er dem König Ludwig noch ein privates Schreiben übergeben, in dem er darauf hinweist, daß einst, als der Wittelsbacher Kaiser Ludwig in Brandenburg regierte, er der Familie Bismarck während mehr als einer Generation besonderes Wohlwollen betätigt habe, daß er, Otto von Bismarck, also jetzt seinen Rat nicht bloß als Staatsmann gäbe, sondern als treuer Vasall des Königs Ludwig.

Dies argumentum ad personam hat in der Tat hier, wie oft gegenüber König Wilhelm, in gefährdeter Lage seine Wirkung getan.

Die Könige, von denen seine Pläne abhingen, faßt Bismarck sehr behutsam an, die koordinierten Minister und fremden Diplomaten behandelt er kalt oder liebenswürdig, seine Beamten furchtbar streng.

Das ist nicht erstaunlich an einem Manne, dessen „Fähigkeit Menschen zu bewundern" nach seinem Geständnis nur mäßig ausgebildet war, und der es einen Fehler seines Auges nennt, daß es schärfer für Schwächen als für Vorzüge sei.

Höhere Beamte rügt er zu der Zeit, als er noch nicht an der Spitze steht, nur „eiskalt höflich" und faßt sie als Aristokraten: „Es wird Ihnen (bei

einem flüchtig ausgeführten Auftrag) selbst überaus unangenehm sein. Denn ohne Zweifel sind Sie
mit mir der Meinung, daß, was ein Kavalier zu tun
übernommen hat, schon so gut wie getan ist."
Wer ihm später vortrug, mußte „einen suszi-
tierenden Extrakt" reichen, in dem zuweilen Gesetzentwürfe von über 100 Paragraphen im Lapidarstil
in zehn Minuten abgemacht wurden.

Diktiert er, so kommt er gelegentlich in einen
„Galopp des Denkens", dem der Sekretär folgen
muß. Im Jahre 78 verhandelt er nach verschie-
denen Seiten erfolglos wegen Übernahme des
Finanzministeriums, er weiß niemand mehr.
Schließlich „strich er seine Augenbrauen, blickte
zum Fenster hinaus und sagte dann, halb ärgerlich:
Wozu habe ich denn eigentlich einen Vortragenden
Rat? Besinnen Sie sich gründlich! Bis heut Abend
verlange ich von Ihnen einen Finanzminister."
Noch am Abend fällt dem Rat (Tiedemann)
Hobrecht ein. Bismarck geht darauf ein, schickt
noch nachts hin, um ihn anzufragen. Sofort
will er Antwort haben: „Ich werde nicht ein-
schlafen, bis Sie zurückgekehrt sind."

Freundschaft im Dienst gibt es nicht. Als
Keudell eintritt, warnt ihn Frau von Bismarck, den
Freund mit dem Chef zu verwechseln: es seien
gewiß ganz verschiedene Menschen. Und Bismarck
selbst zitiert auf einen befreundeten Minister
Othellos Wort: Ich liebe dich, allein mein Leutnant bist du länger nicht!

Als aber derselbe Mann am 16. Juni 71 dem
siegreichen Heer durchs Brandenburger Tor vor-
ausreitet und die Tribüne passiert, die über dem

Garten des Auswärtigen Amtes für seine Beamten errichtet ist, ergreift er einen von den drei Lorbeerkränzen, die an seinem Sattelknopf hängen, steckt ihn auf seinen Pallasch und wirft ihn seinen Mitarbeitern zu. Dies ist Bismarck, wie er in großer Stunde treue Dienste zu belohnen weiß.

DER VERÄCHTER

Jeder Genius, den sein Dämon aufruft, seine Kräfte an der Welt zu messen, schwankt gefährlich zwischen Extase und Verachtung, bebend im Zwiespalt höchster Pläne mit niedrigen Mitteln.

In Bismarck ist nie jene Trunkenheit für sein Werk, aus dem Andere neue Belebungen schöpften, nur zuweilen ist in ihm Gewitter. Immer aber wirkt in ihm Verachtung, Abscheu vor dem Stoffe, der doch das einzige Material ist, darin er seinen Fingerdruck verewigen kann, dem Menschen.

Selbst sein einziges Dogma, der Royalismus, verführt ihn nicht, mit seiner Menschenskepsis vor den Thronen Halt zu machen, und er entwickelt aus ihr zum Teil direkt seine politische Grundidee. „Der Absolutismus", sagt er in den Memoiren, „wäre die ideale Verfassung für europäische Staatengebilde, wenn der König und seine Beamten nicht Menschen blieben wie jeder andere, denen es nicht gegeben ist, mit übermenschlicher Sachkunde, Einsicht und Gerechtigkeit zu regieren. Die umsichtigsten und wohlwollendsten absoluten Regenten unterliegen den menschlichen Schwächen und Unvollkommenheiten, wie Überschätzung der eigenen Einsicht, dem Einfluß und der Beredsamkeit von Günstlingen, ohne von weiblichen legitimen und illegitimen Einflüssen zu reden."

Alles kam zusammen, um Bismarck zum Verächter zu machen: Melancholie und Weltflucht, Skepsis und aristokratischer Stolz, — selbst die größten Faktoren seines Wesens: die Liebe zu seinem Werk,

196

dessen Vollendung unablässig die große vanitas der Genossen störte, und das Bewußtsein der eigenen Schwere, das nur selten zu bannen war und aus dem er verstimmte Schlüsse auf die Unwichtigkeit eines Geschlechtes ziehen mußte, das er doch brauchte, und sollte er es mißbrauchen.

Schon vor dem Beginn, im Jahre 59, erklärt er, zum Minister sei er nicht zu brauchen, „ich würde melancholisch über alle die Menschenköpfe, die man ansehen und hören muß." Und man spürt die Tiefe seiner Skepsis gegen die Hunderte, mit denen er sich berührte, wenn man Sätze liest wie diesen: „Heute hatte ich wieder einmal die Freude, einen Menschen ‚du' zu nennen." Ohne Unterschied verachtet er Über- und Gleichgeordnete, nur Untergeordnete kann er nicht verachten.

Es ist nicht ein Demokrat, der aus der nächtlichen Tiefe der Machtlosigkeit die Fäuste gegen Götter schüttelt, die an goldenen Tischen sitzen, noch ist es ein Philosoph, der bei seiner Lampe die große Pyramide so lange korrigiert, bis die Philosophen oben stehen: es ist Bismarck, Aristokrat von Geburt, befreit zu dienen, monarchisch bis in jeden Nerv, Inhaber zugleich der höchsten Macht im Lande nach dem König, — der alle Fürsten verachtet, ihre Gunst und ihre Gaben. Man kennt die ungeschminktesten Worte nicht, die er privatim verwendet haben mag. Aber zuweilen kann man aus seiner Verkehrsweise Schlüsse ziehen.

In Versailles überlaufen sie ihn. Der Großherzog von Weimar bittet ihn vergeblich um eine Auskunft. Er müsse sich sonst an den König wenden.

197

„Ja, erwidert Bismarck, „dann würde Seine Majestät erst mit ihrem Minister Rücksprache nehmen müssen." — Und der Minister? — „Der hüllt sich in undurchdringliches Stillschweigen." Einen zwölf Seiten langen Brief über deutsche Politik, mit dem ihn der Herzog von Koburg überfällt, beantwortet er so: von allen darin erwähnten Punkten sei nur einer, der nicht längst in der Vorbereitung oder Ausführung begriffen sei, und dieser sei der Erwähnung nicht wert.

Speist er beim Könige in Versailles, so kann er sich vor Fürsten nicht halten, „die alle denken, ich wäre auch ihr Bundeskanzler und mich umflattern wie die Krähen den Uhu. Zuletzt war irgendwo im Nebenzimmer ein gerettetes Bein oder der Rücken von einem alten Krönungsstuhl zu sehen. Alle gingen hin, um das Wunder zu betrachten, und diesen Moment nahm ich wahr, um mich zu drücken."

Ist er einmal bei Laune, so spielt er Audienz: „Der Bürgermeister von X., der seine Aufwartung macht. Ach, freut mich sehr, Sie zu sehen, Herr Bürgermeister (der Kanzler legte dazu den Kopf gnädig lächelnd auf die Seite und spitzte den Mund). Wie geht es der guten Stadt X.? Sie macht Tabak und Strumpfwaren ..."

Oder er empfiehlt seiner Frau einen Prinzen mit den Worten: „Ich habe nur eben noch Zeit, Dir einen herzlichen Gruß und einen Reuß, ich glaube den 9., zu senden."

Er kennt den Wert der Hofgunst, die er „mehr vom Standpunkt anthropologischer Naturkunde als von dem des Gefühls" auffaßt. „Jetzt ist alles

198

Sonnenschein für mich, wenn ich nach Berlin komme", schreibt er im Jahre 54, „der Hof verzieht mich, die Großen schmeicheln mir, die Geringen wollen etwas von mir, und ich brauche bisher keine großen Anstrengungen, um die Idee festzuhalten, daß diese ganze goldbeblechte Schützenkönigsherrlichkeit vielleicht übermorgen vorüber ist und ich an den Hoffesten ebenso viele kahle Rücken um mich her sehe als jetzt freundliche Gesichter." Und aus Petersburg schreibt er Wendungen wie: „Ich esse heute Grünkohl bei Kaiserin-Mutsch" (d. h. Mutter).

Titel sind ihm Objekte des Gelächters. In Frankfurt findet er es gleich am ersten Tage „komisch, daß alle die Herren Exzellenzen genannt werden, eine table d'hote von lauter Exzellenzen." „Denke dir den Unsinn, schreibt er später einmal, sie wollten mich zum Kammerherrn machen (Titel, heißt das), ich habe mich widersetzt, denn ich lege keinen Wert darauf und es kostet Geld." Aber der Royalist fügt hinzu: „Sprich aber nicht darüber, denn der König hält es für etwas Großes, wenn einer Kammerherr wird."

Den Fürstenrang wollte er ablehnen, und er schreibt darüber an seinen Bruder: „In diesen Schwindel werde ich mich wohl nicht mehr recht einleben."

Man weiß, er trug immer nur Hausrock oder Uniform und mied das Gesellschaftskleid, schon weil er sonst in seiner Nervosität den Kampf mit steifer Wäsche führen mußte, und auch die Uniform, in der er empfängt, erregt Moltkes Lächeln wegen ihrer Negligeance und Vorschriftswidrigkeit.

Bis zum Jahre 66 mußte er beim Vortrag Hoftracht tragen, dann sagt ihm der König, der von seinem Widerwillen dagegen vernommen, in seiner feinen Art, er solle nur immer in der Uniform kommen, die er an seiner Seite bei Sadowa getragen. Er besitzt zwar, gesteht er im Alter einem französischen Journalisten, un superbe habit de chevalier, den seine Frau ihm zur silbernen Hochzeit geschenkt, er habe ihn aber nie getragen, „car au dernier moment, j'ai préféré ma tunique de soldat." Als er zur Audienz in den Tuilerien Hoftracht anlegen muß, kurze Hose, Schuh und Strümpfe, erregt er seine eigene Heiterkeit.

Orden trägt er nur, wenn er muß, weil sie „zur Toilette eines Diplomaten gehören", und als er im Jahre 64 den höchsten Preußischen Orden bekommt, meldet er seiner Frau, der König habe heute bei ihm den Frieden unterschrieben, ihm den Schwarzen Adler gegeben „und, was mir noch lieber war, mich sehr herzlich umarmt". Die einzigen Orden, die er liebt, sind das Eiserne Kreuz und seine erste Dekoration, die Rettungsmedaille.

Die gleiche Verachtung hegt er für Gleichgeordnete: Diplomaten und Parlamente.

Die Diplomaten verachtet von vornherein der Autodidakt in ihm, als die Zünftigen. Dann, je näher er sie betrachtet, um so lebhafter.

„Nimm ihnen all ihr Geld und Gehalt, so wird man sehen, wie wenig vornehm jeder an und für sich ist." Immer wieder spricht er von dem „kalten Bad der diplomatischen Gesellschaft", dieser „nüchternen, einfältigen Wassersuppe", oder er versichert, selbst der böswilligste Zweifler von

Demokrat wüßte nicht, „was für eine Charlanterie und Wichtigtuerei in dieser Diplomatie steckt."

Objekt seiner, tiefsten Verachtung sind aber die Parlamente. Hier ist die blasse Feindschaft mit am Werk, der unterdrückte Zorn, den eine jahrelange Opposition gegen alle seine Ideen in ihm aufregen muß. Auch wirkt sein Unwille gegen alle Kollegial- und Mehrheitsbeschlüsse mit, deren Anonymität den einsam verantwortlichen Mann aufbringt. Doch auch ehe er sie bekämpft, ja als ihr Mitglied äußert er den Dégout des Verächters. Nach der zweiten Sitzung, die er, im Jahre 47, überhaupt mitmacht, findet er es schon „merkwürdig, wieviel Dreistigkeit im Auftreten die Redner im Verhältnis zu ihren Fähigkeiten zeigen, und mit welcher schamlosen Selbstgefälligkeit sie ihre nichtssagenden Redensarten einer so großen Versammlung aufzudrängen wagen". Später, in den 50er Jahren findet er ihre Intrigen „über die Maßen schal und unwürdig; wenn man darin lebt, so täuscht man sich darüber und hält sich für Wunder was. Wenn ich von Frankfurt unbefangen nach Berlin komme, so ist mir wie einem Nüchternen, der unter Besoffene gerät. Die besten Leute werden in der Kammerluft eitel, ohne daß sie es merken, und gewöhnen sich an die Tribüne wie an ein Toilettenstück, mit dem sie vor dem Publikum sich produzieren."

Als Minister, im Jahre 63, nennt er das Parlament „das Haus der Phrasen", in dem er lauter Unsinn anhören müsse. Eine Interpellation verhindert er einmal mit der privat geäußerten Begründung, die äußere Politik sei augenblicklich schwierig genug, „durch 300 Schafsköpfe kann sie aber nur noch mehr verwirrt werden."

Er beginnt aber auch schon früh, dem Parlament selbst seine Verachtung ins Gesicht zu werfen, und so vergleicht er im Reichstag die Abgeordneten mit Bewohnern des platten Landes, die von den Schwierigkeiten und Gefahren einer Bergbesteigung keine Ahnung hätten. Dann legt er sich nach solchen Sitzungen „mit dem Gefühl der Beschämung ins Bett, daß ich mich mit ihnen eingelassen habe: wie nach einer durchkneipten Nacht, wenn es zu Streit und vielleicht zu Tätlichkeiten mit ordinären Leuten gekommen ist."

Mit wachsenden Erfolgen behandelt er die Parlamente immer verächtlicher. Im Jahre 69 sagt er direkt auf der Tribüne, sie sollten sich freuen, daß er überhaupt noch gegen ihren Widerspruch ernstlich reagiere. Als dann ein halbes Jahr vor Sedan der Eintritt Badens in den Bund vom Reichstag verlangt wird, kanzelt er diesen ab, weil er mit seinen verfrühten Anträgen ihm seine politischen Kreise störe: den Antragstellern sei wohl zumute „wie Percy Heissporn, der, nachdem er ein halbes Dutzend Schotten umgebracht, über das langweilige Leben klagt: Es passiert eben nichts, es muß etwas Leben hineingebracht werden! Gründung staatlicher Gemeinschaften, großartige Reformen, ausgreifende Gesetzgebung, das alles erschöpft den Tatendrang nicht. Es muß etwas geschehn!" Er behandelt sie wahrlich wie Kinder. „Drängen Sie nicht so nach neuen Etappen. Genießen Sie doch froh, was Ihnen beschieden, und begehren Sie nicht, was Sie nicht haben!"

Als 70jähriger ist er vor Verachtung nicht einmal mehr ironisch. „Es können", sagt er im Jahre 86 während der Polendebatte, „noch zwanzig Reichstagsbeschlüsse derart gefaßt werden, das wird uns nicht um ein Haar breit irre machen in unseren Entschließungen." Und grollend wie ein edles Tier: „Das Ausland wendet auf uns die Redewendung von den tönernen Füßen an, und unter denen wird man die Reichstagsmajorität verstehen. Man wird sich aber irren, denn dahinter stehen noch eiserne!"

Rhetorik ist ihm verhaßt. Bismarck war ein Verächter der Phrase. Keine Arbeit, versichert er in den Memoiren, sei ihm unbehaglicher und schwieriger gewesen „als die Herstellung des nötigen Phrasenbedarfs bei Thronreden und ähnlichen Äußerungen". Aus dem Kriege 66 heimkehrend spottet er über die Leute, die nichts zu tun hätten als bei der Abfassung der Thronrede ihre „Schwimmkunst auf der stürmischen Welle der Phrase zu üben."

Er meidet die Phrase mit äußerster Vorsicht. Aus allen Konzepten vertilgt er nicht nur sie, sondern auch alle Superlative. Beim Tode des Kaisers, seines Königs, Freundes und Herrn, spricht er den Nachruf im Reichstag am selben Vormittag tiefbewegt, aber so schlicht, daß man das wegen der Wirkung auf das Ausland sogar bedauert hat.

Für die Funktionen des Staatmannes verwendet er mit Bewußtsein nüchterne Bezeichnungen aus dem Geschäftsleben, wie Abschluß, Geschäftsführung, Zahlung, und einen Tag nach der französischen

Kriegserklärung hält er nicht wie der Pariser Minister eine schwungvolle Rede, sondern kommt nur, „um dem Reichstage einiges über die Aktenstücke zu sagen", die er ihm vorlegen läßt. In den Briefen an seine Gattin, 600 Druckseiten füllend, steht nur an einer einzigen Stelle ein in diesem Sinne großes Wort: am 3. September 1870. „Es ist ein weltgeschichtliches Ereignis, ein Sieg, für den wir Gott dem Herrn in Demut danken wollen und der den Krieg entscheidet."

Dieser Mann des hohen Stolzes und der tiefen Skepsis ist notwendig Verächter des großen und des kleinen Ruhmes. Das Bedürfnis hoher Anerkennung, das er ein Passivum nennt, das auf den meisten ungewöhnlichen Begabungen lastet, die Eitelkeit, „die Hypothek, um deren Betrag der Wert des Menschen verringert wird", sind ihm ganz fremd. Diese Verachtung spricht aus seiner gesamten Lebensführung, sie überdauert sämtliche Ehren, sie besiegt seinen Weltruhm.

Sie ist auch einer der Gründe, warum er nicht Minister werden will: das „Leben auf dem Präsentierteller" ist ihm unbehaglich, in Berlin unerträglich, auf Reisen lästig „auf jeder Station angegafft zu werden wie ein Japanese oder wie ein neues Nilpferd für den zoologischen Garten".

Dies ist Bismarck, der seine Ernennung mit diesen Worten seiner Frau mitteilt: „Du wirst aus den Zeitungen schon unser Elend gesehen haben. Ich bin zum Minister ernannt, werde Ministerpräsident und übernehme später das Auswärtige. Das alles ist nicht erfreulich, und ich erschrecke jedesmal darüber, wenn ich des Morgens erwache. Aber es muß sein. Ergib Dich in Gottes Schickung."

Dieser Verächter der Fürsten, ihrer Gunst und ihrer Gaben, der Diplomaten, der Parlamente und ihrer Phrasen, der kleinen Eitelkeiten und des großen Ruhmes fragt im höchsten Alter einmal: ob es wohl recht sei, daß der Mensch sich Herr der Schöpfung nenne, — ob nicht vielmehr höher entwickelte Wesen denkbar und wirklich in anderen Welten vorhanden wären.

Bei solcher Frage eines ruhenden Greises fühlt man, wie in ihm Glaube und Aberglaube wie eine verschlossene Idealität durch alle Skepsis und Verachtung dringen, und wie dies kluge Auge des Beobachters auf anderen Sternen ein schöneres Geschlecht erträumt, dem er, der Problematiker, nicht angehören dürfte.

DIE GESCHENKE DES LEBENS

DAS SCHÖNE

Unter den großen Männern der Tat sind es wenige, in deren Seele die Monomanie, die sie antrieb, Raum ließ für die Genüsse, die ihnen nicht mehr, doch auch nicht minder als anderen die Welt entbietet. Die Unbefangenen, jene heiteren Helden nahmen sie nicht im Vorübergehen oder im Ausruhen auf, sie genossen sie, wie sie ihre Tat genossen, denn in ihnen wirkt nur die umfassende vieldeutige Monomanie: zu leben. Sie bauten nicht ein einzelnes Werk, zu dessen Vollendung alle Kräfte überspannt sein wollten: sie verrichteten Taten nicht anders als sie Frauen gewannen, Wissenschaften zu ihrem Dienste knechteten, Künste an sich rissen. Denn sie sind, auch metaphysisch betrachtet, die großen Abenteurer des Lebens.

Wer aber mit genialer Blindheit auf das einzige Ziel losrudert, sinkt wohl des Nachts erschöpft zurück, nur um neue Kräfte für einen neuen Tag zu gewinnen, der wiederum Zehnmännerarbeit fordern wird. Napoleon kannte keine Genüsse, hatte kein faible, liebte die Natur nicht, förderte die Wissenschaften und alle Sieben Freien Künste nur als Mittel zu seinen Zwecken, und die einzige Leidenschaft, die ihm Genuß verhieß und reichte, opferte er schließlich der größeren: Josephine Beauharnais dem Empire.

Bismarck wäre schon durch seinen späten Auftritt genötigt gewesen, zumindest zu vergessen, was er bis dahin geliebt und gepflegt. Verschmäht, doch darum nicht minder unerschlossen lag die

Welt in der Ferne. Das Schicksal vergönnte ihm genau zehn Jahre Zeit, fern von Madrid darüber nachzudenken.

Sein Leben war wohl auf zu lange Dauer berechnet, als daß er es wie Napoleon einem einzigen Werke ganz hätte widmen können: Bismarck wurde über 80 Jahre und schuf sein Werk in acht Jahren.

Vor allem war er dazu nicht eindeutig genug. Das Widerspiel der Kräfte in ihm, das Nachdenkliche dieses Gewaltsamen, das Skeptische dieses realen und mutigen Mannes, die Heiterkeit dieses Melancholikers wollten gespeist sein. Denn wie der leichte Geist der hellen Helden die Geschenke des Lebens genießt gleich dem Atem, sind sie dem schweren Geist der Problematiker Mittel, darin die Spiegelbilder jener Ideen zu finden, deren Deutung sie nicht durch ihr körperliches Ich und seine Bewegung von selber fanden.

Bismarck liebte die Natur als Äquivalent seines gemischten Wesens, wie er Johanna von Puttkamer oder wie er seinen Freund Motley liebte. Es ist der weltflüchtige Bismarck, der als Trost den Tiergarten, wo er einsam ist, aufsucht, wenn er geärgert wurde, der auf Reisen in schweren Geschäften mit Genuß den Sonnenaufgang vom Kupeefenster betrachtet, der, als er in Paris ankommt, um dort „Gesandter zu spielen", sofort von der Aussicht über die Seine berichtet, vom Blick auf die Gärten der Tuilerien und wie er „durch die Gartentür nur Blätter, Spatzen und lauen Wind höre, fernes Stadtgeräusch, man ist wie auf dem Lande".

Es ist Bismarck, der übernervöse, dessen Stimmung vom Wetter abhängt: „Wenn die Sonne scheint, ist die Welt recht schön; wenn sie fortgeht, bin ich elend vor Heimweh", oder der sich „recht einsam fühlt, weil es trüb ist". Seine Briefe sind erfüllt von analogen Stellen.

Es ist der Romantiker, der hinter Bordeaux ununterbrochen Kieferwälder, Heidekraut und Moor, bald Pommern, bald Rußland wiederfindet. Als aber der Betrachter „die Lorgnette nahm, schwand die Illusion. Statt der Kiefer ist es die langhaarige Seepinie, und die anscheinende Mischung von Wacholder, Heidelbeeren usw., welche den Boden deckt, löst sich in allerhand fremdartige Pflanzen mit myrten- und zypressenähnlichen Blättern auf."

Es ist der Melancholiker, der über alles das Heidekraut liebt, und darum überall, wohin er kommt, in Ungarn, Rußland, Dänemark ein so oder so abgewandeltes Pommern sieht, weite Ebenen sucht, durchläuft, durchreitet, den aber der Mangel eines weiten Horizontes in hohen Bergen unruhig macht. und der deshalb die Gebirge meidet.

Aber es ist der Gewaltsame und der Jäger, der über Varzin, das neue Gut, seiner Frau nichts anderes schreibt, als daß es dort „sehr dicke Buchen gibt, auch Balken und Blöcke, Wüsteneien, Schonungen, Bäche, Moore, Heide, Ginster, Rehe, Auerhähne, undurchdringliche Buchen- und Eichenaufschläge und andere Dinge, an denen ich meine Freude habe", und daß er mit Behagen die Klagen der Pächter über die Untaten der Säue höre. Deshalb liebt er so sehr die Wälder, und er verpachtet auch in den größten Arbeitsepochen die Forste von Varzin nicht, nur die Ackerwirtschaften. Es ist der Mann, der aus den Urwäldern Südschwedens, wo tagelang jede Postverbindung fehlte, seiner Frau schreibt: „Ich werde wohl doch noch einmal hierher auswandern." Es ist Bismarck, der sich zuletzt in seinem Wald begraben ließ.

Zwischen Zwanzig und Dreißig hat Bismarck ganze Bibliotheken verschlungen. Seine Sprachkenntnisse erweiterten das Feld der Lektüre. Er sprach und las Englisch, Französisch, Italienisch vollkommen, etwas Dänisch, etwas Spanisch, und Russisch genug, um dem Zaren das ungewohnte Vergnügen der Unterhaltung mit einem Diplomaten in seiner Muttersprache zu verschaffen. Französische und namentlich englische Lyriker wußte er seitenweise auswendig, und als 65 jähriger Mann rezitiert er nach einem Diner, als von den Troubadouren gesprochen wird, ein Gedicht von Bertram de Born aus dem Kopf im altprovenzalischen Urtext. Shakespeare hat er immer parat. In den 50er Jahren hat er mit General Gerlach eine Art Code, der in ihren Briefen die politischen Hauptpersonen durch Figuren aus Shakespeare bezeichnet, nicht ohne Humor, wie er sagt. Ihn zitiert er öffentlich und privatim immer wieder. Seine Liebe hängt an Cäsar und Götz; dem Egmont und Tasso weicht er als „sentimentalen Menschen" aus, — die ihn aber unwiderstehlich anziehen, sind die Problematiker: Hamlet, Faust, Wallenstein, Coriolan. Als 80 jähriger hat er (nach mündlicher Überlieferung seines Arztes) an einem Abend alle drei Teile Wallenstein auf Einen Sitz bis tief in die Nacht hinein vorgelesen, und Niemand durfte aufstehn.

Er hat über Goethe eine Bemerkung gemacht: wie der Wunsch eines Raubtieres, die Beute aus den Gefahren der Mitwelt in ein Dickicht zu schleppen: „Von Goethe schenke ich Ihnen auch drei Viertel," sagt er in Versailles, „das übrige freilich, — mit 7 oder 8 Bänden von den Vierzig wollte ich wohl eine Zeitlang auf einer wüsten Insel leben."

Man spürt, wie er auch die Bücher als Schlüssel sucht, nicht als Genuß.

Ebenso nähert er sich der Musik.

Freilich tat es ihm auch oft die ganze Szenerie an. Durchaus Protestant, wünscht er sich dennoch „gute Kirchenmusik, von Leuten, die es verstehen, gemacht, dazu Morlachische Messen mit weißgekleideten Priestern, und Dampf von Kerzen und Weihrauch. Da war ein Knabenchor, die sangen ohne Orgel, etwas falsch und mit einer recht bürgerlichen berlinischen Aussprache." Als Romantiker liebt er es, sich von einer russischen Fürstin am offenen Fenster über dem Meere, oder in Ungarn von den Leuten in Molldissonanzen vorsingen zu lassen: Geschichten vom tapferen Räuber, „in Tönen, die an den Wind erinnern, wenn er im Schornstein lettische Lieder heult". Konzerte besucht er nie, der eingezwängte Platz und das bezahlte Billet nehmen ihm jeden Genuß: „Musik muß frei geschenkt werden, wie Liebe." Sogar das Vierhändig-Spielen stört ihn wegen der sichtbaren Gebundenheit des Spielers an die

Noten. Man muß ihm überhaupt immer auswendig spielen, — dann erscheint es ihm produktiv.

Bismarck hatte ein absolut sicheres Gehör: der hochmusikalische Keudell versichert, jede Melodie habe er unfehlbar rein mitgesungen. Mitten im Getümmel des Feldzuges schreibt er: „Seit vier Stunden Bayerndurchmarsch, blasen falsch."

Aber er ist nicht reiner Musiker: denn er sieht Bilder. Meist schweigt er am Schluß, später spricht er zuweilen. „Stellenweise klingt es", äußert er nach einem Mendelssohn, „wie eine vergnügte Rheinfahrt, an anderen Stellen aber glaube ich einen im Wald vorsichtig trabenden Fuchs zu sehn." Ein andermal: „Diese Musik gibt mir das Bild eines Cromwellschen Reiters, der mit verhängten Zügeln in die Schlacht sprengt und denkt: Jetzt muß gestorben sein!"

So genau geht er mit, daß er z. B. nach dem Andante des A-Moll-Quartetts von Schubert äußern kann: „Die Stelle nach der Fermate im zweiten Teil der Melodie klingt etwas künstlich."

Mit Wagner konnte er nicht einig werden. Er hat ihm im Dankbrief für eine Dedikation sein „lebhaftes, wenn auch zuweilen mit Neigung zur Opposition gemischtes Interesse" bekannt. Das ist das Mindeste, was er, als großer Staatsmann dem großen Musiker dankend, sagen mußte. Doch da er sich nicht näher geäußert, darf man wohl auch die Gründe nicht nennen, die Bismarck prinzipiell zu einem Wagnerfeinde machen konnten. Jedenfalls hat er seine letzten Opern nicht angehört.

Er liebte den leidenschaftlichen Chopin. Fremd

blieb ihm Mozart, das Genie der Helle: man fühlt, warum.

Der Meister seiner Seele aber, jener, dem er sich koordiniert fühlte, dem er so lauschte, wie er Hamlet las, der Brunnen, in dem er sich zu spiegeln nicht müde ward, konnte nur der große Problematiker sein. Beethovens Sonaten sind ihm so vertraut, daß er sie ohne die Zusätze: ‚Sonate‘ oder ‚Beethoven‘ einfach bei ihrer Tonart nennt. Immer wieder verlangt er die durchschütterten zu hören: D-Moll und die Appassionata. Hier fühlt er sich getroffen. Wir sprachen von ihrer Wirkung auf ihn. So bevorzugt er auch unter den Neun Symphonien die wie für ihn geschriebene C-Moll. Unmittelbar nach dem Rüstungsbefehl im April 66 wurde sie ihm privatim im Auswärtigen Amt von vollem Orchester vorgespielt.

Überhaupt hört er meistens zu wie einer, der sich selbst lauscht. Dem Genie ist Musik Gericht oder Bestätigung, immer hört es Variationen über Themata der eigenen Seele. „Der Mann“, sagte Bismarck nach Bachs Fuge in E (Bd. 2, Nr. 9), „hat anfangs mancherlei Zweifel, ringt sich aber allmählich durch zu einem frischen frohen Bekenntnis.“ Ein andermal: „Dem Mann geht es aber recht schlecht.“

Man weiß, daß Köpfe wie Helmholtz nach Musik verlangten, um sich zu beruhigen. Bismarck geht es umgekehrt: ihn regt Musik immer an, und weil er „sonst überhaupt nicht mehr schlafen würde“, meidet er sie vom Beginn der 70er Jahre. Bis dahin öffnet seine Frau, wenn keine Gäste da sind und der musikalische Freund am Klavier sitzt, oft auf Bismarcks eigenen Wunsch die kleine Tür, die den Salon mit dem Arbeitszimmer verbindet. So stark wirkt Musik auf diesen Mann, so läßt er sie befruchtend über seine Arbeit fluten, während ihn jedes Gespräch in der Nähe, ja das Unterbrechen eines Satzes dabei nervös machte.

Eine wunderbare Szene hat Keudell überliefert. Es ist Abend. Er spielt. Bismarck tritt ein. „In einem Spiegel sah ich, daß er seine ausgestreckten Hände über meinen Kopf hielt, nur einige Sekunden lang. Dann setzte er sich ans Fenster und blickte in die Abenddämmerung hinaus, während ich weiterspielte."

War dies Bismarck, der amusische, dessen Sehnsucht den Musischen segnet?

FRAUEN

Bismarck war kein Erotiker. Frauen spielen in seinem Leben keine Rolle. Auch seine Gattin, diese wunderbare Gefährtin seiner Tage, war ihm wohl weniger teuer als Frau, wie als Freund, Mutter, Trost, Gewähr inmitten des Wirbels. Daß er sich nie in seinem Leben leidenschaftlich verliebt hat, ist aus vielen Gründen bei einer so komplizierten und zugleich so genialen Natur erstaunlich. Mangel an Zeit dafür ins Feld zu führen, ist banal und überdies für das wichtigste Jahrzehnt falsch.

Man ist versucht zu sagen: seine Erotik erschöpfte sich im Willen zu Macht und Werk, in Zorn und wilden Fahrten auf der einen, auf der anderen Seite in Sehnsucht nach Einsamkeit, nach dem Lande, nach Schweigen, in romantischen Einfällen und Wünschen, in der Betrachtung seltener Träume.

Welche Frauen er aber vorzog und welche er mied, ist sehr charakteristisch. Zweideutige Frauen der Frankfurter Diplomatie mied er von vornherein: tiefe Keuschheit, innere Verschlossenheit, die ihn nie verlassen, bewahrten ihn vor diesen. Politische Frauen haßte er, wie die meisten großen Staatsmänner, aus einer Art Eifersucht auf ihr Werk und Wirken, wohl auch aus der Erfahrung unzuverlässiger Diskretion.

Die ihm gefielen, mit denen er plauderte, denen er den Hof machte, waren weder Künstlerinnen (das Geschwätz über die Lucca ist oft widerlegt worden. Er sandte das berüchtigte Bild übrigens seiner Frau mit dem Zusatz: Wir sehen beide dick aus und wie sehr artige Kinder), noch waren es Königinnen, die so oft Gesandte gefesselt. Freilich entzückte ihn die Kaiserin Eugenie, die er die reizendste Tischnachbarin nennt und „wirklich eine seltene Frau, nicht bloß äußerlich". Freilich rühmt er immer wieder die kluge und gute Kaiserin Mutter in Petersburg, mit der er sich „so gut ausreden" könne.

Die Frauen, die ihn entzücken, sind schöne, heitere, originelle Frauen von Welt, Damen durchaus und unnahbar; zudem Ausländerinnen. So muß jene Lady Jersy gewesen sein, die zu sehen er „einen Reichstaler gegeben hätte, wenn sie für Geld gezeigt würde". Die Fürstin Odescalchi mag er besonders gern, sie ist in Gastein Hausgenossin.

Sie wird als eine vornehme Ungarin geschildert „von beweglichstem Temperament, zierlich und elegant, graziös und kapriziös, so hatte sie sich trotz schwerer Schicksalsschläge einen Humor bewahrt, der ihr über alles hinweghalf. Ihre Einfälle, die sie in naiver Unmittelbarkeit hervorsprudelte, machten sich in ihrer Wiener Mundart besonders drollig. Ihre Hauptpassion war das Tischrücken."

Die Frau, die Bismarck wohl „die reizendste Frau" nennt, ist die Fürstin Orlow, Russin, mit ihrem Manne Bismarcks einziger Verkehr durch viele Wochen in Biarritz und den Pyrenäen, später an anderen Orten. Er schildert sie als „sehr originell, lustig, gescheit, liebenswürdig, französisch-deutsche Erziehung".

Diese Frauen besaßen, was Bismarck an seine Gattin, an die Persönlichkeit seines Königs, an seine beiden Freunde knüpfte: das innerlich Unproblematische, äußerlich Aristokratische. Er liebt an diesen Frauen die unbefangene Noblesse, den leichten Geist, die elegante Grazie, Frische und Helle ihrer Jugend, den Reiz der Ausländerin, die Sicherheit der vornehmen und verschlossenen Frau.

LEBENSKUNST

Der Tag, an dem Bismarck sich entschloß, das Leben, gestützt durch einen neuen Glauben, behütet von den Augen seiner Gefährtin wie ein Mann in stetiger und heiter resignierter Tätigkeit auf sich zu nehmen, hat alle Gaben, die den weltlichen Teil seines Wesens stützten, wieder erweckt, und mit ihrer Übung sind auch die Wünsche gestiegen.

Noch dem Riesen von Statur war die Gesundheit dennoch nicht ein selbstverständliches Gut. Überall fürchtet er, wenn die Seinen nicht schreiben oder unwohl sind, schreckliche Krankheiten und betet jeden Abend für ihr Wohl. „Möge alles so regelmäßig in diesem Augenblick bei Euch aussehen“, wie er es eben aus der Fantasie geschildert. Bei Krankheiten will sein naturforschendes Auge alle Zusammenhänge kennen. Versteht er die Sache nicht wie ein Fachmann, so traut er keinem Arzt. Seine Gewaltsamkeit bringt ihn zu Übertreibungen jeder Art. Er reitet, badet, jagt mit Übermaß. Zum Kaiser in Fontainebleau geladen, wünscht er sich nichts als Jagd, bei der er sich satt reiten könne. Nach Petersburg zu gehen bekommt er erst Lust, als er an Elenjagden denkt. Und als er den liebenswürdigen Hobrecht, mit dem er amtlich fortwährend Differenzen hat, nach Friedrichsruh entbietet, um ihm wegen der Verzögerung in einer Eisenbahnfrage „gehörig den Kopf zu waschen“, dieser aber, spät abends eingetroffen, früh nicht zu finden ist, dagegen am Nachmittag ins Schloß zurückkommt, tadellos jägermäßig angezogen, den Bruch am Hut, gefolgt von einem Pirschwagen mit reicher Beute, — da besehen sie zusammen die Strecke und vertiefen sich derart in Jagdgeschichten, daß die Zeit bis zum Diner unbenutzt verrinnt. Nach diesem reist Hobrecht nach Berlin zurück, ohne Eisenbahn und Kopfwäsche.

Nach ermüdenden Fahrten will er stets ein behagliches Heim finden, und die Ermüdung bleibt die Ausnahme. Wenn er seinen Kräften ein gewaltsames Leben wünscht, Krieg, Jagd, Urwald, so vergißt er seine Nerven, die Behaglichkeit brauchen, um ruhig zu sein.

Der Gedanke an ein Heim ist überhaupt der Mittelpunkt seiner Lebenskunst. Seine ganze Laufbahn wird davon mitbestimmt. Wohin er kommt oder ziehen soll, dort mustert er erst genau die Wohnung. Das Gesandtschaftshaus in London erschreckt ihn, er beschreibt es genau seiner Frau und sagt: „Ich werde ganz elend bei dem Gedanken eingezwängt zu sein, — danke Gott täglich inbrünstig, daß wir da nicht hingerieten." Wo er nur ein paar Wochen bleibt, in Badeorten mit dem Könige, richtet er sich bequem ein und bestimmt den Platz für den Schreibtisch so, daß er Aussicht über die Wiesen hat. Kaum ist er in Petersburg zum Gesandten ernannt, so studiert er die Pläne der dortigen Wohnung bis auf die Fensterbeleuchtung im Eßzimmer, beschreibt seiner Frau genau die Farben der Überzüge, schickt Stoffproben für die Portieren.

Im Pariser Botschaftshotel versucht er in den ersten Wochen drei Schlafzimmer, von denen er das eine verläßt, weil es grün tapeziert ist. Seiner Frau sendet er inmitten der Geschäfte lange Briefe mit genauen Zeichnungen, auf denen er jedes Zimmer und Treppchen mit Nummern versieht. Alles richtet er persönlich ein. In Frankfurt, am Beginn seiner Repräsentation, sucht er ein silbernes Teeservice aus und findet „ein längliches, hohes ausnehmend schön, aber unser Zucker- und Sahntopf paßt nicht dazu". „In

Paris und London", schreibt er im Jahre 61 der Schwester, „würde ich weniger behaglich existieren als hier, und ein Umzug ist halbes Sterben." In Berlin, allein: „Meine Sehnsucht fort von hier wächst bis zur Krankheit, ideale Bilder von Häuslichkeit an der Newa suchen meine Träume heim. Wie lange, Gott, wie lange. Die Marmortreppe (zum Schloß) und die grünen Stuben sind mir unerträglich."

Seine Furcht vor dem Ministerium geht zum Teil auf solche Nervosität zurück, „diese Reise- und Gasthofsexistenz mit ihren Provisorien und ihrer Ungewißheit ist unleidlich, und das Bedürfnis, wieder einmal im eigenen Bett zu liegen und in Zimmern zu sein, die ich nicht so bald als möglich zu verlassen beabsichtige, ist so lebhaft in mir, daß ich schon ernstlich an Abschied und Schönhausen gedacht habe. Da ist allein die Möglichkeit denkbar, daß ich nie wieder zu reisen und umzuziehen brauche."

Noch ein halbes Jahr vor Übernahme des Ministeriums schreibt er der Schwester: „Vor drei Jahren hätte ich noch einen brauchbaren Minister abgegeben; jetzt komme ich mir in Gedanken daran vor wie ein kranker Kunstreiter. Einige Jahre muß ich noch im Dienst bleiben, wenn ich's ablehnte. In drei Jahren wird Kniephof pachtlos, in vier Schönhausen; bis dahin weiß ich nicht recht, wo ich wohnen sollte." Noch im Sommer quält er Roon, endlich zu wissen, was aus ihm wird. Er droht: „Ich ziehe in den nächsten zwölf Monaten sicher nicht nochmals um, es sei denn nach Schönhausen. Diese Ungewißheit, dieses Nichtwohnen kann ich auf die Länge nicht aushalten, dazu bin ich nicht Fähnrich genug."

Überhaupt ist seine Lebenskunst einer der Gründe, warum er einen Ministersessel fürchtet „wie ein kaltes Bad. Wollte ich bereitwillig in diese Galeere hineingehen, so müßte ich ein ehrgeiziger Narr sein. Jeder große Gesandtschaftsposten ist ein Paradies im Vergleich mit der Schinderei eines heutigen Ministergeschäftes, besonders des auswärtigen." Er mag nicht „aus der behaglichen Temperatur der Diplomatie in das heiße Gefecht gegenüber dem Landtag" übergehen. Und noch zehn Tage vor seiner Berufung schreibt er Roon: „Ich bin so zufrieden, Seiner Majestät Gesandter in Paris zu sein, daß ich nichts erbitten möchte als die Gewißheit, es wenigstens bis 1875 zu bleiben."

Aber eine größere Lebenskunst ermöglicht ihm, alles leicht zu entbehren, wenn es sein muß. Während die „zuschauenden Fürsten und Prinzen", über die er seinen Spott gießt, im französischen Feldzug die schönsten Quartiere bekommen, arbeitet er, wenn es nötig ist, nachdem er auf einer Matratze, Revolver neben sich, geschlafen, morgens an einem kleinen Tischchen, auf dem kaum beide Ellbogen ruhen können, in einer Ecke neben der Tür, zwischen Kommenden und Gehenden.

In seinem Hause aber gibt es alles. Motley schildert, wie in Frankfurt gleichzeitig bei ihm gegessen, getrunken, geraucht, im Garten Pistole geschossen und drinnen Klavier gespielt wird. Bismarck ist ein Kenner und Liebhaber von Küche und Keller, er ißt riesige Quantitäten, versteht

222

aber Qualitäten. In Versailles beklagt er sich vor Hofleuten, die es weitergeben sollen, wohl ein halbes Dutzend Mal, wenn er beim Könige äße, gäbe es nie genug, er würde nicht satt. Er verschanzt sich dabei hinter den Appetit der Hohenzollern und hinter Humboldts großen Magen und beteuert schließlich drastisch, er könne keinen ordentlichen Frieden schließen, wenn man ihn nicht gut füttere. „Das gehört zu meinem Gewerbe. Und so esse ich lieber zu Hause." Aber derselbe Mann lehrt, warum der Elblachs die richtige Mitte zwischen Ostseelachs und Rheinlachs hält, entdeckt, daß ihm jetzt junger Portwein gut bekomme, spricht als Kenner von allen Pilzen und Beeren, gibt mitten im Feldzug ein Rezept zum Braten von Austern und diskutiert, welche Käse zu welchen Weinen passen.

Vollends ist er klassischer Weinkenner. Seinen Keller läßt er sich unter Schwierigkeiten zur See nach Petersburg nachkommen, denn „wer weiß, wer ihn in Schönhausen austrinken würde!" Er weiß, daß nach süßen Gerichten nur gute Bordeauxweine gut bleiben, geringere aber ihre Fehler offenbaren und läßt nach einem Ananas-Sorbet die Probe auf seinen Bordeaux machen, und ebenso fein unterscheidet er zwischen Vettern wie Forster Kirchenstück und Diedesheimer Hofstück.

Sein Heim verläßt er nicht, wenn er nicht muß. Einladungen, die nicht politisch sind, nimmt er überhaupt nicht an. „Das Leben wäre um vieles angenehmer, wenn die Vergnügungen nicht wären!" Man glaubt Fontanes Stimme zu hören. In seinem Haus ist er musterhafter Wirtschafter, und die

Ausweitung seiner Kreise hindert ihn nicht, die engen sorgfältig zu verwalten. Es ist der Mann, der in Petersburg zuweilen früh selbst Holz erhandelt. Aber „Schlösser" mag er sich nicht einrichten, alles bleibt schlicht. Im Anblick der Rothschildschen Tafel bemerkt er „viele Zentner Silber und Gold", und faßt sich darüber in die Worte zusammen: „Möge Gott mir unser täglich Brot und unsere zu zahlenden Zinsen bescheren."

Die Ordnung unter seinen Sachen grenzt an Pedanterie. Er ist in der Lage, seiner Frau nach Berlin schreiben zu können: „Schicke mir 6 Forstkarten, die auf dem kleinen Etagentischchen neben meinem Schreibstuhl zur linken Hand am Rande oben liegen." —

Das Leben reichte Bismarck seine Geschenke. Daß er von ihnen getrost genießen konnte, war die einzige Befriedigung, die diesem ruhelosen Gemüt auf die Dauer gegönnt war. Denn selbst sein Werk mußte er vor der Zeit verlassen.

STURZ UND HEIMGANG

Das Außerordentliche in Napoleons Geschichte liegt nicht im Anfang, der alltäglich, noch im Schluß, der ganz konsequent war, sondern in dem langen Mittelsatze. Bismarcks Geschichte ist überraschend vor und nach diesem langen Mittelsatz: vor der Entdeckung des Genies und dann an seiner Verdunkelung.

Zwischen Dreißig und Achtzig hat er sich im Grunde nicht mehr verändert. Wir verließen die Geschichte der Entwicklung seiner Seele an jenem Punkt, an dem ihn, den Resignierenden, die Welt entdeckt. Dem Querschnitt, den wir dann durch ihn gelegt, würde der Querschnitt durch den Alten ziemlich genau gleichen.

Noch vor Antritt des leitenden Amtes schrieb er einmal der Schwester: „V. ist eitel und boshaft, wer ist das nicht. Es kommt nur darauf an, wie das Leben die Natur des einen oder des andern reift, mit Wurmstichen, mit Sonne oder mit nassem Wetter, bitter, süß oder faul." Wie immer: Bismarck war vom Leben gereift, noch ehe sein äußeres Geschick anhub. Das scheint besonders merkwürdig an einem Manne, dessen Taten nach außen weithin sichtbar wirken, aber es ist deutlich das Los mit sich selbst kämpfender Naturen, ihre Entwicklung in sich allein, gleichsam im luftleeren Raume zu gestalten.

Nur war es die natürliche Folge jenes Zweikampfes, den er ein halbes Jahrhundert lang mit der Welt ausfocht, daß gewisse Züge in ihm deutlicher wurden, Furchen, die sich mehr und mehr dem Antlitz eingegraben.

Seine Skepsis war zur Bitterkeit gewachsen. Der

Bruch mit den Konservativen war wohl das einzige Ereignis, das ihn in jenen fünfzig Jahren erschüttert hat. „Für die Nerven eines Mannes in reifen Jahren", schreibt er in seinen Memoiren, „ist es eine harte Probe, plötzlich mit allen oder fast allen Freunden und Bekannten den bisherigen Umgang zu brechen." Wenn dieser Stolze so viel einräumt: wie tief muß er getroffen sein. Es gibt darüber manche Dokumente. Sein Jugendkamerad und Vetter von Kleist-Retzow stand nun in den ersten Reihen der Opposition, die nicht sachlich bleiben konnte, sondern mit leidenschaftlichem Haß an seinem Sturz arbeitete. Die 46 „Declaranten" waren zumeist Freunde oder Bekannte des Hauses. Den Schluß dieser Liste macht folgende Signatur: „Mit tiefem Schmerze unterzeichnet A. von Thadden-Friglaff."

Auch daß er in den 70er Jahren von den Generalen als „Feind der Armee" verunglimpft wurde, kränkte noch den Achtzigjährigen, und es klingt so stolz als bitter, wenn dieser schreibt: „Es ist erstaunlich, daß Caprivi sich dabei nicht erinnert hat, wie die Armee vor und zur Zeit meines Eintritts in das Amt zivilistisch bekämpft, kritisiert und stiefmütterlich verkürzt wurde und wie sie unter meiner Amtsführung aus der Alltäglichkeit des Garnisonslebens über Düppel, Sadowa und Sedan von 1864 bis 71 dreimal zum Einzug in Berlin gelangte. Ich darf ohne Überhebung annehmen, daß König Wilhelm im Jahre 1862 abdiziert hätte, daß die Politik, die den Ruhm der Armee gründete, nicht oder nicht so, wie geschah, ins Leben getreten wäre, wenn ich ihre Leitung nicht übernommen hätte. Würde die Armee zu ihren Heldentaten und Graf Moltke auch nur den Degen zu ziehen Gelegenheit gehabt haben, wenn der König anders oder durch andere beraten worden wäre?"

Es ging Bismarck, wie den meisten genialen Naturen: von Haus aus bescheiden, ehrfürchtig, fühlen sie im Duell mit der Welt die Kräfte wachsen, und ihre Überlegenheit macht sie selbstbewußt.

So, verankert in der Gewohnheit des Erfolges, getragen von den Jahren glänzender Amtsführung, die, kaum verflossen, schon Geschichte wurden, ward Bismarck mehr und mehr Autokrat. Er war historisch geworden, man suchte ihn auf wie den alten Goethe, und selbst sein Feind, der Reichstag hat sich schon am 12. Mai 71, als Bismarck von der Unterzeichnung des Friedens aus Frankfurt heimkehrend den Sitzungssaal betrat, ganz unwillkürlich von den Plätzen erhoben.

Er hatte nun das Außerordentliche vor sich und vor der Welt erprobt und konnte 74jährig im Reichstage sagen: „Wenn ich die Aufgaben eines auswärtigen Ministers eines großen Landes und auch die noch zur Zufriedenheit leiste auf meine alten Tage, dann habe ich noch immer das Werk eines Mannes zu tun, das in andern Ländern als ein volles Manneswerk gilt und ein dankenswertes Werk."

Auch in seinem Hause wurde er in dem letzten Jahrzehnt wie ein Souverän behandelt: er allein saß auf einem Sessel, die Gäste auf Stühlen, er stand zuerst auf und ging in den Salon.

Je ferner er bei steigender Macht seiner Mitwelt rückte, um so kleiner mußte sie ihm erscheinen. Auf den Reichstag sagte er im Jahre 81 zum Fürsten Hohenlohe: „Die Deutschen verstehen mit dem Nürnberger Spielzeug, das ich ihnen gegeben habe, nicht umzugehn, sie verderben es." Seine Stimmung kann man aus einem Passus einer Reichstagsrede vom Jahre 82 vollständig kennen lernen:

„Habe ich nicht seit 1862 kämpfend auf der Bresche gestanden? Habe ich das Königtum nicht gedeckt? Da waren sehr wenige, die bereit waren, diese Deckung des Königtums zu übernehmen. Lesen Sie die Zeitungen Ihrer eigenen Partei, da werden Sie finden, daß die wohlwollenden bezüglich meiner damals von Strafford und Pollignac sprachen, die gemeineren Blätter aber von Wollekrempeln im Zuchthause, was mein natürliches und berechtigtes Ende sein würde. Ich hatte für meine Kinder damals in Sicherheit gebracht, was ich von meinem Vermögen in Sicherheit bringen konnte. Ich führe das nur an, um zu beweisen, was es damals hieß, auf die Bresche zu treten. Wenn Sie auf diese Zeit zurückblicken, dann sollten Sie mir doch nicht solche Vorwürfe ins Gesicht werfen, als wenn je eine Feigheit im Dienst meines Herrn für meine Handlungen maßgebend gewesen wäre. Die Unwahrheit, die Ungerechtigkeit muß Ihnen doch die Röte auf die Stirn treiben! Was haben denn die Herren ihrerseits für Beweise von Mut gegeben? Sie haben Reden ohne Risiko gehalten, und jemand, der 20 Jahre lang für das Königtum auf der Bresche stand, dem werfen Sie vor, er deckt sich mit dem

König! Ich hoffe, den Vorwurf nie wieder zu hören! Meine Herren, was fesselt mich denn überhaupt noch an diesen Platz, wenn es nicht das Gefühl der Diensttreue und des Vertreters des Königs und der königlichen Rechte ist? Viel Vergnügen ist dabei nicht! Ich habe in früherer Zeit meinen Dienst gern und mit Passion und mit Hoffnung getan; die Hoffnungen haben sich zum großen Teil nicht verwirklicht. Ich war damals gesund, ich bin jetzt krank, ich war jung, ich bin jetzt alt, und was hält mich hier? Ist es denn ein Vergnügen hier zu stehen wie der Auff vor der Krähenhütte, nach dem die Vögel stoßen und stechen und der außerstande ist sich zu wehren gegen persönliche Injurien und Verhöhnungen? Wenn ich im Dienst des Königs nicht wäre, und wenn mich der König entlassen würde, so würde ich von Ihnen, meine Herren, mit Vergnügen und auf Nimmerwiedersehen Abschied nehmen!"

Diese leidenschaftlich improvisierten, zum Teil durch Zwischenrufe hervorgelockten Worte, bebend von Macht und Haß, enthüllen die durchfurchte Seele: Skepsis ist Bitterkeit, Menschenhaß ist Menschenverachtung, Wille zur Macht ist Bewußtsein der Macht geworden, — aber der Royalismus steht wie vor 35 Jahren vor dem Thron, ein alter Wächter, böse, im Begriff loszuspringen, unnahbar.

Er hat ihn im selben Jahre noch einmal auf die Tribüne geführt, als er vergeblich um das Tabakmonopol kämpfte. „Sie könnten mich fragen: was veranlaßt diesen matten Greis, seine Sisyphusarbeit fortzusetzen, wenn er selbst die Überzeugung hat, es kommt zu nichts? Nachdem ich meinen Herrn und König nach dem Nobilingschen Attentat in seinem Blute habe liegen sehen, da habe ich mir stillschweigend gelobt, gegen seinen Willen nicht mehr aus dem Dienst zu gehen. Das ist der einzige Grund, warum Sie mich überhaupt noch hier sehen."

Was ihn aber tiefer erschütterte als der Haß, der steigend ihn umringte, das war die Sorge um den Bestand seines Werkes: „Ich kann mich in schlaflosen Nächten des Gedankens nicht erwehren, daß vielleicht unsere Söhne nochmals wieder um den wohlbekannten runden Tisch des Frankfurter Bundestages sitzen könnten." Und später, im Jahre 85: „Der Parteigeist ist es, den ich anklage vor Gott und der Geschichte, wenn das ganze herrliche Werk unserer Nation von 1866 und 70 wieder in Verfall gerät und durch die Feder wieder verdorben wird, nachdem es durch das Schwert geschaffen wurde!"

So große Worte braucht er sehr selten: Sehr tief fühlt er, während er spricht, daß es nicht das Werk unserer Nation ist, das durch das Schwert geschaffen, sondern daß es sein Werk ist, durch ihn erdacht und so für die Schläge des Schwertes erst ermöglicht.

Dazu kam vor allem der steigende Druck der Gegenströmungen und die Abnahme der Kraft, sie zu bewältigen. Schon im Jahre 71 schreibt er dem Bruder, „daß meine amtliche Stellung bei allem äußeren Glanz dornenvoller ist, als irgend jemand außer mir weiß, und meine körperliche Fähigkeit, alle die Galle zu verdauen, die mir das Leben hinter den Kulissen ins Blut treibt, ist nahezu erschöpft, meine Arbeitskraft den Ansprüchen nicht mehr gewachsen".

Dies ist Bismarck im Zenit: Bewußtsein der Macht ohne Genuß daran, Verachtung der Mitwelt in Bausch und Bogen, beginnende Ohnmacht gegen Intrigen, und in schlaflosen Nächten Furcht für den Bestand des Werkes. Dies ist die große Enttäuschung, die selbst noch dem Skeptiker die Welt bereiten konnte. Nicht seinen Charakter hat die Welt in jenem Zweikampf verwandelt, aber die dunklen Töne seiner Seele sind noch dunkler geworden, die hellen haben sich nicht verklärt.

In seinen Bildern nimmt man den steigenden Ausdruck der Desillusion wahr. Eine Photographie vom Jahre 83 blickt ganz ungewohnt nach oben, weg von den Leuten, der Mund ist verschlossen, wie der des Jünglings war, die Säcke unter den Augen hängen dicker, etwas dunkel Gebanntes summt durch die wahrhafte Größe dieses Ausdrucks. Vollends der Lenbach vom Jahre 88 gibt ein Antlitz wieder, in dem sich Verachtung, Bitterkeit, Enttäuschungen in schweren Falten gleichsam petrifiziert haben.

Es ist der Siebziger, der auf seinem Gute eines Tages schweigend sitzt, dann halb aufblickt und klagt: „Niemand liebt mich, niemand habe ich glücklich gemacht, mich selbst nicht, meine Familie nicht, andere nicht." Die Freunde protestieren. Er fährt fort: „Wohl aber viele unglücklich. Ohne mich hätte es drei große Kriege nicht gegeben, wären achtzigtausend Menschen nicht umgekommen." Aber er setzt hinzu: „Das habe ich indessen mit Gott abgemacht. Aber Freude habe ich wenig oder gar keine gehabt von allem."

Mit solchen Worten, die seine Mannesjahre nicht über seine Lippen ließen, eröffnet sich das Sinken einer Widerstandskraft nach außen hin, die bisher gegen alle inneren Anstürme zugunsten des Werkes ausgehalten.

Dies alles konnte nur einem Problematiker geschehen. Nur weil Bismarck nicht ausschließlich der Betrachter, Naturforscher, Skeptiker, Melancholiker war, als der er sich so oft erwiesen, konnte er von der Wichtigkeit der Realität in solchem Maße überzeugt sein, so restlos seine Kräfte an das Werk in der Wirklichkeit setzen. Aber nur weil er nicht ausschließlich gewaltsam, mutig, aktiv, heiter, machtwillig war, konnten nach Vollendung seines Werkes die gegnerischen Mächte um ihn ihm überlegen werden. Das Fundament des Allmächtigen, des Autokraten wurde untergraben von jenen unfruchtbaren Kräften seiner Seele. Autokratie und Enttäuschung: das sind die letzten Ausläufer seiner aus Gewaltsamkeit und Nerven zusammengesetzten problematischen Natur.

Eine gigantisch gewordene Menschenverachtung trübt ihm nun den Blick des Menschenkenners, eine umfassende Machtfülle nimmt ihm nun das Augenmaß für die Mächte um ihn her. Er hat seine Entlassung einem Franzosen gegenüber mit den Worten begründet: „Un vieux cheval de labour et un jeune coursier sont mal attelés ensemble." Diese Erkenntnis, zu spät aufleuchtend, mußte ihm kommen im Augenblick, da der junge, tatendurstige König die Stelle des alten übernahm, als einem 90jährigen, pflichtbewußten, ihm über das Grab hinaus getreuen und dankbaren Herrn überraschend schnell ein iuvenis voll Ehrgeiz folgte, dessen Lebenswille seine Pietät erdrückte und der am Anfang seiner Bahn notwendig nicht nach Konservierung des Überkommenen, sondern nach Taten ausblickte, wie sie der Großvater ihm vorgebildet. Er hätte kein 28jähriger, feuriger, plötzlich berufener Fürst sein müssen, der, wie Bismarck später beißend sagte, „einen Überschuß an Kräften fühlt und deshalb sein eigener Kanzler sein will", um sich nicht gegen den großen alten Mann zu wehren. Sich und der Welt wollte er ein ingenium beweisen, das er ja immerhin besitzen konnte. Zudem hat Bismarck selbst betont, daß er den alten Herrn früher nur dadurch im Banne seiner Politik zu halten vermochte, daß er imstande war, 24 Stunden ununterbrochen in seiner Umgebung zu sein, auf Reisen und Manövern mitzuziehen, stets zu Pferde an seiner Linken.

Daß Bismarck die metaphysisch bedingte, unausweichliche Verwandlung der Lage übersah, ist der einzige große Fehler seines Lebens gewesen. Er mußte wissen, daß in einer Welt, in der er selbst mit Größen und Bajonetten, mit Macht und Eigennutz zu rechnen schnell gelernt, in einer Welt, deren dynamische Struktur er gegen die moralischen Ideologen durch drei Jahrzehnte leidenschaftlich verteidigt hatte, der Stärkere seine Macht zu brauchen nie unterlassen wird, wenn ihn der Wille zu Taten antreibt. Für diesen großen Royalisten hätte es sich überdies auch formal gepaßt, gegen den Willen seines Königs in Gnaden, doch unter gar keinen Umständen in Ungnaden zu gehen.

Wenn Bismarck im Alter der Jugend wich: dies war der Lauf der Welt und weder tragisch noch überhaupt persönlich bedeutsam. Daß er aber seine Macht nicht im Jahre 88 spontan niederlegte, daß er sich zwingen, sich stürzen ließ, folgt allein aus seiner problematischen Natur, deren widerstreitende Kräfte, früher nur sich korrigierend, am Ende seiner Bahn sich so völlig lähmten, daß er, zwischen Autokratie und Enttäuschung, das Augenmaß für Mächte und Menschen verlor. Einst waren es gerade diese sich stets korrigierenden Gegenkräfte, die dem gewaltsamen und zugleich diplomatischen Träger die Vollendung seines Werkes ermöglichten. Nun stürzte dieses selbe Widerspiel den Schöpfer.

Bismarck — wie jeder Problematiker — ging unter am Widerstreit mit sich selbst: nicht anders als Hamlet oder Wallenstein.

Wäre er im Jahre 88 oder 89 gegangen, scheinbar gegen den Willen seines Herrn: Verzicht auf die Macht hätte den weltflüchtigen, kranken Mann, der aus Liebe zu seinem alten Herrn die Widerwärtigkeiten einer umgischteten Stellung so lange getragen, nicht gereut. In seinen Wäldern hätte ihn eine tiefere Erkenntnis der Welt und des Menschen gründlich entschädigt. Er liebte ja den kaiserlichen Enkel nicht, sondern war nur voll großväterlich protegierender Moquerie für ihn. Was hielt ihn noch? Der Wille zur Macht war in ihm sozusagen petrifiziert, er hatte und übte sie ohne Genuß. Haß und Verachtung vergifteten seine Galle. Er blieb im Amt wie ein großer Schauspieler, der sich mit Recht den jungen und den alten allen überlegen fühlt. Noch in seiner letzten Audienz konnte er dem Kaiser sagen, nur er könne vielleicht die neue Heeresvorlage noch durchbringen, er allein habe noch den Kredit dazu: später werde es unmöglich sein.

So völlig war er mit Blindheit geschlagen, daß nicht einmal die „Politik der Nadelstiche", die dem Herrscher beliebte, ihn aufrief: von Bötticher, sein Feind, bekommt den Schwarzen Adler; Bismarck wird frühmorgens, wo er eben einzuschlafen pflegt, zum Vortrag befohlen, und der Zar fragt ihn skeptisch, ob er zu bleiben denke. Sein Arzt und mancher Freund bringen die Frage immer dringender zur Sprache. Er erwidert wörtlich: „Diese Dinge können nicht an mich heran." Schweninger, bei Hofe unterrichtet, versichert: sie seien schon herangekommen. Er aber bleibt, — wie Danton, der bis zur Stunde seiner Hinrichtung sich weigerte zu seiner Rettung eine Rede zu halten und sagte: Sie werden es nicht wagen!

Niemand darf sagen, sein Stolz gebot ihm zu bleiben. Ja, wäre er seinen Feinden unterlegen! Aber nicht die „impotente Negative", oder die Ideologen, nicht die Schwarzen oder die Roten, nicht einmal die unsichtbare Hofintrige oder die königliche Gegnerin waren es, die ihn stürzten. Es war ganz einfach der Inhaber der einzigen übergeordneten Gewalt, der Bismarck so wenig trotzen konnte wie dem Meer, dem Gewitter oder dem Tode.

Nichts ist leichter, als diese psychologischen Gründe seines Sturzes banal durch politische zu ersetzen. Man kennt die Geschichte seiner Entlassung.

Wie in einer Ahnung sagte er in seiner letzten Reichstagsrede, ganz gegen seine Gewohnheit: „Wer sagt Ihnen denn, daß wir in der Lage sein werden, uns mit dieser Frage, zu der uns Gott noch diesen Augenblick die Muße gegeben hat, über ein Jahr noch zu beschäftigen? Ich wenigstens möchte das Vertrauen nicht unbedingt aussprechen." Zehn Monate darauf war er entlassen.

Man kennt die äußeren Anlässe, die der neue Herr schließlich zum Sturz des Alten benutzte: das Verlangen des Kaisers nach Abschaffung der Kabinettsordre vom Jahre 52, nach der kein Minister direkt mit dem Monarchen verhandeln darf ohne Wissen des Präsidenten, und Windthorsts Besuch beim Kanzler am 14. März, über den der Kaiser außer sich war, weil er nicht vorher davon unterrichtet worden wäre. Windthorst hat aber am selben Abend schon gesagt: „Ich komme vom politischen Sterbebett eines großen Mannes." Am nächsten Morgen kommt der Kaiser aufgebracht zum Kanzler, Bismarck verwahrt sich gegen Kontrolle seiner Besucher, und als der Kaiser ihn fragt: „Auch nicht, wenn ich es Ihnen als Souverän befehle?" erwidert er: „Auch dann nicht, Majestät. Der Befehl meines Kaisers endet am Salon meiner Frau." (Dies und die folgenden Daten hat Bismarck selbst wörtlich dem Doktor Hans Blum überliefert.)

Bisher ist Eigenwille und Zorn des jungen Herrschers psychologisch begreiflich: Bismarck hat den Anlaß gegeben, indem er nicht von selbst ging. Aber die „schnöde Hast", die nun folgt, ist ewig unverzeihlich. Nun reckt sich Bismarck das letztemal, und in dem Bilde der nächsten drei Tage ist es der siegreiche Kaiser, der von Stunde zu Stunde weiter zurückgeschlagen wird.

Am 17. früh richtet General von Hanke Bismarck aus, der Kaiser erwarte sein Abschiedsgesuch um 2 Uhr. Diesem Drängen gegenüber ist seine erste Reaktion ein Aufschäumen, in dem es wunderbar schimmert. „Ein von mir jetzt eingereichtes Entlassungsgesuch würde ein ganz falsches geschichtliches Bild der Sachlage darbieten. S. M. hat ja die Macht, mich jederzeit zu entlassen. Ich kann aber meine politische Laufbahn nicht mit einem Akt beschließen, dessen Folgen ich für Volk und Reich als höchst verderblich erachte." Am Nachmittag beruft er einen Ministerrat: alle Minister unterschreiben seine Ablehnung des kaiserlichen Befehls, die Kabinettsordre von 1852 zu kassieren. (Noch 1911 besteht sie, nachdem sie zu Bismarcks Sturz ihre Schuldigkeit getan, unverändert fort.)

Aber zwischen Morgen und Abend ist in Bismarck der überlegene Geist zurückgekehrt. Der Zorn über die kaiserliche Zumutung ist verraucht, die Zustimmung aller Minister hat ihn wohl auch beruhigt: nun fühlt er sich auch im formellen Recht. Sein Royalismus, vor jenen Forderungen sich verdunkelnd, taucht wieder auf. Die Haltung eines Frondeurs paßt nicht zu ihm. Der erste

Preußische König, mit dem er vor 32 Jahren sprach und stritt, hat ihn durch Liebenswürdigkeit entwaffnet. Vor dem letzten entwaffnet den Trotz ein hohes Bewußtsein wunderbarer Taten. Bismarck fühlt sich wieder. Die Schleier verschwinden. Endlich weiß er, daß er weichend siegen wird, daß nur Toren, Tolle oder Ideologen der übergeordneten Macht die Stirne bieten.

Es ist der Royalist, es ist der Aristokrat, es ist der Realist, es ist aber auch der große Verächter, der in ihm siegt. Als ihn am selben Abend der Chef des Zivilkabinetts aufsucht, „mit dem Ausdruck der Verwunderung Seiner Majestät, daß das Abschiedsgesuch noch nicht eingegangen, Seine Majestät erwarte es zu einer bestimmten Stunde," hat Bismarck „diesem bestimmten Befehl gegenüber das Gefühl wesentlicher Erleichterung". Dabei grollt es noch einmal auf: er sträubt sich, die „schriftliche Erklärung, die Seine Majestät von mir fordert, innerhalb weniger Stunden fertig zu stellen und bemerkte, ich sei bereit meine schlichte Absetzung sofort zu unterzeichnen. Zu einem Abschiedsgesuch aber, das das letzte amtliche Schriftstück eines um die Geschichte Deutschlands und Preußens einigermaßen verdienten Ministers darstelle, bedürfe ich längerer Zeit. Das sei ich mir und der Geschichte schuldig, die einst wissen solle, warum ich meine Entlassung erhalten habe."

An dem Gesuch arbeitet er zwei Tage. Man muß annehmen, daß er zuerst ein ganz anderes schrieb. Denn einmal hätte er zu dem endgültigen keine zwei Tage gebraucht, ferner erwähnt er, es sei anfänglich sehr umfangreich geraten, und endlich enthält es zuletzt nicht mehr, wie offenbar früher, alle Gründe, warum er seine Entlassung „erhalten". In diesen zwei Tagen muß er immer klarer, überlegener, weiser fühlen gelernt haben. Denn das schließlich gezeichnete Schriftstück, zugleich höfisch und psychologisch, devot und herrisch, eines Dieners und eines Genies, ist ein Muster dafür, wie ein Royalist aus Rasse und Prinzip, ohne im mindesten Frondeur zu werden, den gegenwärtigen Träger der Krone, der ihm die Tür weist, noch im Türrahmen zum Besiegten machen kann.

Man kennt es. Es schließt: „Ich würde die Bitte um Entlassung aus meinen Ämtern schon vor Jahr und Tag Eurer Majestät unterbreitet haben, wenn ich nicht den Eindruck gehabt hätte, daß es Eurer Majestät erwünscht wäre, die Erfahrungen und Fähigkeiten eines treuen Dieners Ihrer Vorfahren zu benutzen. Nachdem ich sicher bin, daß Eure Majestät derselben nicht bedürfen, darf ich aus dem politischen Leben zurücktreten, ohne zu befürchten, daß mein Entschluß von der öffentlichen Meinung als unzeitig verurteilt wird."

Die Unterschrift besteht allein aus den Worten: „v. Bismarck."

Der Kaiser konnte es kaum gelesen haben: denn sofort genehmigt er es und schickt ihm drei Briefe: die Entlassung, die, weil offenbar vorher verfaßt, gar nicht auf Bismarcks Gründe eingeht, sondern von Rücksicht auf die Gesundheit spricht, die Bismarck nur gerade als unzulänglichen Grund in seinem

Gesuch erwähnte; der zweite Brief macht ihn zum Generalfeldmarschall, was der alte Soldat gern annimmt; der dritte hat noch eine kleine Geschichte.

Als Herr von Lucanus ihm an jenem Abend sagte, der Kaiser wollte ihn beim Abschied zum Herzog machen, erwiderte Bismarck, nach seiner eigenen Überlieferung, das hätte er schon lange haben können, aber nicht gewollt. Der Kaiser, wiederholt jener, mache sich aber verbindlich, daß ihm zur Ermöglichung der standesgemäßen Führung des Herzogtitels und Ranges eine Dotation gewährt werde. Dies weist er „bestimmt zurück, indem ich etwa äußerte: Ich hätte doch eine solche Laufbahn hinter mir, daß man mir nicht zumuten könne, sie damit zu schließen, daß ich eine Gratifikation nachsuche, wie sie eifrigen Postbeamten zu Neujahr erteilt werde". In dieser Antwort findet man Bismarck wieder, der die Aufforderung des Götz von Berlichingen so gern im Munde führte, „die in den gewöhnlichen Goethe-Ausgaben nur durch Punkte angedeutet wird".

Trotzdem verleiht ihm der Kaiser, in jenem dritten Brief, außer seinem lebensgroßen Bildnis die Würde eines Herzogs von Lauenburg. Bismarck reicht ihm dieses Geschenk mit folgenden Worten zurück: „Ich habe mir respektvoll die Freiheit genommen, mündlich dem Geheimrat Lucanus die Gründe auseinanderzusetzen, welche es mir schwierig machen, einen solchen Titel zu führen, und ihn zugleich gebeten, diesen zweiten Gesichtspunkt nicht zu veröffentlichen. Die Erfüllung dieses Gesuches war nicht möglich, da zur Zeit, als ich meine Gedanken ausdrückte, die

Publikation schon stattgefunden hatte. Ich erlaube mir jedoch Eure Majestät zu bitten, mir gnädigst zu erlauben, in Zukunft den Namen und Titel zu führen, den ich bisher getragen habe."

Die Unterschrift dieses — Dankbriefes lautet wiederum nur: „v. Bismarck".

Die schnöde Hast ist noch nicht aus. Bismarck wird mit den Seinen in solcher Eile angetrieben, das Palais zu verlassen, in dem er drei siegreiche Kriege und ein Kaiserreich erdacht, daß, wie er in seinen Memoiren erzählt, eine kostbare Onyxvase, Geschenk Viktor Emanuels, bei flüchtiger Verpackung nur wie durch ein Wunder gerettet wurde.

Dies ist Bismarck, der am letzten Tage allein nach Charlottenburg fährt und auf dem Sarge des Kaisers und Königs Wilhelm I. drei Rosen niederlegt.

Dann fährt er davon.

Im Wartesaal des Bahnhofs, der mit Blumen erfüllt war, stand inmitten von Veilchen ein schwarzumflorter Erdball.

Seiner zwiespältigen Natur gemäß hat Bismarck nach dem Sturz sich weder als überlegener beschaulicher Landedelmann procul negotiis noch als ein Verschmähter erwiesen, der nun hinter den Kulissen fieberhaft arbeitete. Er tut, was er will, je nach Stimmung und Anlaß.

Einige Monate nach dem Sturz findet ihn sein Freund Keyserling „von einer unergründlichen Bitterkeit". Gleichzeitig wird von einem Besucher überliefert, wie · er, nun den ganzen Schiller lesend, zu der Stelle in den Räubern gekommen sei, wo Franz den alten Moor ins Grab zurückstößt mit den Worten: „Willst du denn ewig leben?" Der Fürst, schreibt Friedjung als Ohrenzeuge, fügte der Mitteilung dieser Lektüre hinzu: „Und da stand mir mein eigenes Schicksal vor Augen." „Der Eindruck dieser Worte war unbeschreiblich. Sie wurden mit einer leisen Bewegung der Stimme, aber ohne Veränderung in dem tief gefurchten Antlitz gesprochen. Aber er fuhr fort: Sie müssen indes nicht glauben, daß ich mich durch die Erfahrungen der letzten Jahre ergriffen fühle. Ich bin, wenn Sie wollen, zu hochmütig, um nach allem, was ich geschaffen habe, mich durch meine Erlebnisse erschüttert zu fühlen. Jemand, der so viel erlebt und gewirkt hat, besitzt Anspruch auf die ihm gewährte Muße." Man spürt, wie der Aristokrat in ihm den Verbitterten schweigen heißt.

Zugleich ist seine Ironie wieder wach. Er äußert Bedauern, daß er gegen seinen Willen eine unwahre Versicherung gegen einen Monarchen habe aussprechen müssen, den er als Menschen tief verehre. (Die Unwahrheit ist der Ausdruck des Wunsches, entlassen zu werden.) Oder er spricht von dem „merkwürdigen Chassez-croisez, das der Kaiser gemacht hat: Seinen besten General macht er zum Kanzler und seinen Kanzler zum General".

Gleich in den ersten Wochen wird er als „ruhig und objektiv" geschildert. Andererseits sagt er: Die alten Römer seien oft freiwillig aus dem

244

Leben gegangen, wenn sie vom öffentlichen Schauplatz abtraten, ihm sei das leider verboten.

In den Abschiedstagen sagt der Aristokrat in Berlin: „Was wollen Sie, daß ich reden soll? Meine Aufgabe ist Schweigen." Wenige Monate darauf ruft der Leidenschaftliche: „Ich füge mich nicht, wenn ich auch ganz allein bleibe. Für einen Mann, wie ich bin, ist es Pflicht, selbst an höchster Stelle seine Meinung frei herauszusagen. Ich kann mich nicht wie ein stummer Hund verhalten!"

Die Boykottierung, der er in Wien ausgesetzt wird, ändert seine Stimmung: Haß und Rache, Aktivität und Machtbewußtsein erwachen wieder. Nun fängt er an öffentlich sich zu rächen. Er klagt vor der Welt, zu Tatenlosigkeit verurteilt und einer alten Raketenkiste vergleichbar zu sein, die verschlossen ihren Beruf verfehle. Er denkt nach, wo für ihn noch Felder öffentlicher Kritik liegen, und er findet: Presse, Reden, Parlament.

Er läßt sich nun zum Reichstagsabgeordneten wählen, und es kostet ihn die Frage „manche schlaflose Nacht", ob er fungieren solle. „Ich würde erscheinen wie Banquos Geist an Macbeths Tisch." Schließlich verneint er sich die Frage, mit verschiedener Begründung. Einmal: „Man überschätzt meinen Ehrgeiz und unterschätzt mein Selbstgefühl." Ein anderes Mal: „Für mich hat die Situation kein Schwert." Beiden Gedanken sieht man bis auf den Grund.

Er läßt aber Aufsätze schreiben und erklärt es für „die größte Dummheit", die ihm vorgekommen, daß man Schweigen von ihm verlange: von niemand werde er sich Kritik verbieten lassen.

Daß der Kaiser dreiundeinhalb Jahre nach dem Sturz ihm sein Bedauern über Krankheit ausdrückt und zur Genesung eines seiner Schlösser zur Verfügung stellt, daß er dies ablehnt, aber mit dem bekannten Besuch im Berliner Schloß beantwortet, ist psychologisch ganz belanglos und nichts als eine Genugtuung für Schützenfeste. Bismarck war ein Edelmann und wußte, was sich schickt. Herzog von Lauenburg hat er sich darum doch nicht genannt und hat sich auch nicht stören lassen, weiterhin die schärfsten Artikel zu inspirieren.

Daß sich nun wieder der Kaiser rächt, indem er ihn bei der Zentenarfeier als „Handlanger" erwähnt, später aber dennoch wiederholt nach Friedrichsruh kommt, ihm Regimenter vorführt und Pallasche schenkt, ist die Folge von Stimmungsschwankungen, als deren Reaktion auf Bismarcks Inneres nur das Faktum interessant ist, daß er ein Geschenk des Kaisers, die Flasche Steinberger Kabinett, mit Harden zusammen austrinkt.

Als ihm, nach gewissen Enthüllungen, das offiziöse Regierungsblatt eine „an Landesverrat grenzende Pflichtvergessenheit" vorwirft, ruft er nur: „Da lach ick öwer!" —

Aber in der Mitte jener acht Jahre, die er „des Spaliers beraubt" noch leben muß, stirbt seine Gefährtin.

Bis dahin fühlte er noch Lebenswillen. „Ich fragte den Kuckuck: Wie lange noch? Der Schmeichler antwortete: Zwölf, — die beiden letzten aber nur noch schwach." Nun schlägt seine Stimmung völlig um. Man denkt an Rembrandt.

„Wenn sie abberufen wird, hatte er früher dem Freunde gesagt, möchte ich nicht hier bleiben." Wenige Tage vor .ihrem Tode läßt sie sich, in Decken gehüllt, in einen Wagen tragen, und schweigend fahren die Gefährten am Novembermittag durch den Sachsenwald, an alle Orte, die sie liebten. Dann stirbt Johanna von Puttkamer, der einzige Mensch, dem Bismarck sich durch sein ganzes Leben besinnungslos und ohne Schranken hingegeben. Nun bleibt er einsam. Nur der älteste Sohn ist um ihn.

Eine Photographie aus München (von Hahn) und der letzte Lenbach geben die große Einsamkeit des Greises kund. Dies ist Bismarck, der, 80jährig, seiner Tochter zum Geburtstag mit eigenen Händen einen großen Strauß Feldblumen pflückt.

Bisher liebte er seine Pflanzungen, und hat schon in Varzin im Vorüberreiten einmal gesagt: „Wenn meine politischen Taten längst vergessen sind, werden diese Pflanzungen beweisen, daß ich gelebt habe", was sein Sekretär zu widerlegen sich bemüßigt. Nach dem Sturz war er wieder Landwirt geworden, wie fünfzig Jahre vorher. Nun aber verliert ihm auch das an Interesse.

Als am 80. Geburtstag 5000 Studenten ihm huldigen, meint er es wörtlich, wenn er sagt, er gehöre der Vorzeit an. Wie aus der Ferne warnt er die Jugend vor dem deutschen Bedürfnis, alles zu bekritteln. „Akzeptieren Sie, was uns Gott gegeben hat, und was wir mühsam unter dem bedrohlichen Gewehranschlag des übrigen Europa ins Trockene gebracht haben." Und, wie ein Weiser leise ironisierend fügt er hinzu: „Es war nicht so ganz leicht." Noch wetterleuchten seine Stürme von einst: Der deutsche Reichstag (wie auch die Stadt Berlin) glaubt sich zu adeln, wenn er eine Gratulation für den Fürsten Bismarck ausdrücklich ablehnt. Aber Herr von Levetzow läßt die Geschichte auf demselben Blatt vermerken, daß er im gleichen Augenblick das Präsidium eines solchen Reichstages niedergelegt hat.

Den großen Feind hat Bismarck also behalten. An Herzensfreunden bleiben ihm zuletzt außer den Kindern nur noch die Hunde. Mit ihnen sitzt er oft allein, wie Friedrich im gleichen Alter. Einmal streichelt er sie und sagt: „Ich liebe die Hunde. Sie lassen es einen nie entgelten, wenn man ihnen Übles getan."

Zu Lenbach sagt er: „Für mich gibt es nur noch den einen glücklichen Tag, — an dem ich nicht wieder erwache."

Und ein andermal findet er ein wunderbares Bild: „Es geht mir wie einem Wanderer im Schnee, er fängt allmählich an zu erstarren, er sinkt nieder, und die Schneeflocken bedecken ihn. Es ist ein angenehmes Lustgefühl." Worte, skeptisch-romantisch, spielend-epikureisch, wie von Hamlets Lippen.

Die schwere Krankheit, die in ihm frißt, versteht der kluge Arzt ihm zu verheimlichen. Er leidet, kämpft noch einmal schwer, dann stirbt er leicht.

30. Juli 1898.

Der Kaiser will seine Leiche als Prunkstück für den Berliner Dom. Nach seinem Willen wird er

248

auf dem Hohen Acker beigesetzt, an der Seite der Gefährtin, die er liebte, in dem Walde, den er liebte.

Die Grabschrift heißt nach seinem Befehl:

Otto Fürst von Bismarck.

Ein treuer Deutscher Diener Wilhelms I.

So tönen von seinem Grabe noch einmal die Stichworte des Aristokraten, des Hochgestiegenen, des Lehnsmannes eines treuen und die Verschweigung eines ungnädigen Herrn.

Und zwischen diesen Worten steht das Stichwort seines Werkes.

DAS GENIE

.

Wer die Seele des Genies erforscht hat, kennt immer erst das Postament. Der Genius selbst ist undurchdringlich.

Wer aber die Blitze und die Taten des Genies in sehr verschiedenen Trägern belauscht, findet eine gewisse Wiederkehr von Fähigkeiten und Schicksalen.

In Bismarck führen alle zu seinem Werke hin.

Er kam mit der Notwendigkeit des Genius. Dieser unpolitische Mann von 32 Jahren tritt in den entscheidenden Revolutionsjahren zum ersten Male auf. Die Zeit braucht ihn: durch Zufälle und gegen seinen Willen zieht sie ihn aus Pommerschen Wäldern. Die Fraktion braucht ihn: sofort wird er ihr Führer. Der König braucht ihn: sofort wird er sein Ratgeber. Dann, als Gesandter muß er in einem Jahre dreizehn Mal nach Berlin reisen, weil dort alles „völlig durcheinander geht", weil nur er „uns aus der Lage glücklich herauszuführen vermag, in die wir geraten sind". Und schließlich brauchte ihn der neue König, — dieser König, der jahrelang aus ausgesprochener Antipathie sich wehrt, den Unheimlichen zu berufen. Mit Widerstreben macht er ihn zum Minister, mit Widerstreben führt er drei Kriege, mit Widerstreben wird er Kaiser. Aber die Zeit braucht das Genie.

Er hatte die Mäßigung des Genies. Dies ist die merkwürdigste Farbe auf seiner genialen Tafel. Gewaltsamkeit und alle Leidenschaften hätten ihn weggerissen, wenn nicht die Gegenkräfte ihn gebändigt hätten. Dieser Kampf im Innern des Problematikers, proiziert auf die geniale Fläche, ergibt eine großartige Mäßigung, — Sophrosyne, wie sie unplatonischen Wesen sonst nicht verliehen wird. Das Abwarten, die Geduld, die hiermit zusammengeht, hat er selbst auf seine Jäger- und Fischerkunst zurückgeführt und „auf die Politik übertragen". Während des Krieges hört er über einen Offizier sprechen, der unter einer Brücke, von der französische Schlingel herunterzuspucken pflegten, demonstrativ mit einem Revolver gespielt hätte. „Warum spielen?" fragt er. „Hätte er doch gewartet, bis sie gespukt hätten, und dann gleich geschossen."

Seine Mäßigung schützt ihn wiederholt, aus Haß oder Leidenschaft Kriege zu führen, deren er nicht zu seinem Werke bedarf. Dies Maß hat er am ergreifendsten an drei großen Tagen offenbart. Schon am Abend von Königgrätz, als Moltke auf dem Schlachtfeld zum Könige sagt: „Majestät haben nicht bloß die Schlacht, sondern den Feldzug gewonnen", sammelt sich Bismarck in die Worte: „Ja, die Streitfrage (Machtfrage) ist also entschieden. Jetzt gilt es, die alte Freundschaft mit Österreich wieder zu gewinnen." In Brünn, als die Militärs dem Könige raten, erst in Wien Frieden zu machen, sagt Bismarck: dann müsse man dem Feind nach Ungarn folgen und auf dem rechten Donauufer bleiben. Ist man erst ganz drüben, so verliert man rückwärts die Verbindung. „Es würde dann das geratenste sein, auf Konstantinopel zu marschieren, ein neues byzantinisches Reich zu gründen und Preußen seinem Schicksal zu überlassen."

Mit der Ironie wurde er nicht fertig. Es kam schlimmer. In Nikolsburg, vor dem französischen Eingreifen, macht er als Sieger Österreich Friedensanerbietungen, in denen er etwa dasselbe bietet, was er unmittelbar vor dem Kriege geboten. Dann kommt es zu der furchtbaren Szene mit dem Könige. Niemand versteht, warum der gewaltsame Bismarck, der gegen den Willen zweier Herrscher und zweier Völker diese zum Kriege gegeneinander gezwungen, nun plötzlich, im Siege, Frieden will, ohne Gebiet, ohne Milliarden zu fordern. Auch der König versteht es nicht, wenn Bismarck betont, daß nach historischer Konsequenz nun ein Krieg mit Frankreich folgen müsse, daß man Österreich brauche und nicht verletzen dürfe durch triumphierenden Einzug in Wien nach Napoleonischem Muster. Bismarck allein weiß, daß dieser Krieg nur eine Etappe auf dem Wege zur deutschen Einheit ist. In Nikolsburg wird seine Nüchternheit Passion. Die Krisis wächst ihm über den Kopf, er gibt alles verloren und verfällt in Weinkrampf. Der Kronprinz rettet das Werk.

Der zweite Tag genialer Mäßigung ist der Tag der Indemnität kurz darauf. Ein Staatsstreich war möglich, man konnte den Absolutismus wiederherstellen, die junge Volksvertretung wieder ersticken, die im Kampf mit der Krone durch die Siege des königlichen Heeres vollständig bezwungen am Boden lag. Bismarck, der bestgehaßte, ist der populärste Mann in Preußen. Das Parlament hat den vierjährigen Kampf verloren. Zumindest ist dies der Moment, es zu

demütigen. Er aber weiß, daß nur mit der Volksvertretung sein Werk zu vollenden ist, und gewinnt es über sich: in diesem Augenblick um
Indemnität zu bitten. In dieser Bitte im Moment
des Sieges liegt tiefe Ironie. Sie auszusprechen ist
dennoch der Schritt, den unter Stolzen immer
nur das Genie tut.

Der dritte Tag genialer Mäßigung ist jener
Novembertag im Jahre 70, an dem Bismarck
die Bayrischen Verträge unterzeichnet. Alle wissen
es besser im Lande und rufen, er solle mehr Zu-
geständnisse verlangen. Er aber will ein „zu-
friedenes Bayern" und macht von seiner Macht
zum dritten Male nicht Gebrauch.

Er hatte die Schnelligkeit des Genies.

Alle, die unter ihm arbeiteten, bezeugen dasselbe. Jede Entscheidung wurde sofort getroffen.
Beim Frühstück in Varzin läßt er sich über die
Erneuerung des österreichischen Handelsvertrages
vortragen. Der deutsche Botschafter hatte berichtet, das preußische Staatsministerium in sechs-
stündiger Sitzung beraten: ohne Erfolg. Es liegen
noch acht Differenzpunkte vor. Bismarck, indem
er sein Ei aufklopft, erwidert sofort: „Antworten
Sie ad 1.: Diese Konzession will ich zur Not ge-
nehmigen, ad 2: Fällt mir gar nicht ein, ad 3: Das
muß weiteren Verhandlungen vorbehalten werden
usw. „Die Entscheidung über sämtliche Punkte
kam wie aus der Pistole." (Tiedemann)

Ebenso schnell verwertet er, was man ihm
reicht. Während der großen Reichstagsrede über
die Elbschiffahrtsakte legt ihm sein Vortragender

256

Rat einen Zettel hin, enthaltend eine rein sachliche Notiz über die Verpflichtung der Schiffe, auf der unteren Themse viermal anzuhalten. Mit einem Blick darauf nimmt Bismarck nicht nur den Inhalt auf, sondern verarbeitet ihn sogleich dahin: „Ich erwähne dabei, daß der Schiffsverkehr in der Themse doppelt, vielleicht viermal so groß ist als auf der Unterelbe, und daß man genötigt ist — und der freie Engländer in der Hingebung für die Interessen seines Vaterlandes fügt sich dem bereitwillig — auf der unteren Themse viermal anzuhalten, um Zollbeamte aufzunehmen."

Ganz unvermutet erscheint eines Tages Graf Schuwaloff in Friedrichsruh, erst am selben Tage von einer preußischen Station telegraphisch angemeldet. Bei Tische, sogleich nach der Ankunft, ist von Politik nicht die Rede, dann gehen die Herren ins Arbeitszimmer. „Nach 20—30 Minuten" erscheint der Fürst in der Tür des Nebenzimmers bei seinem Rat und seinem Sohn, einen Bogen in Händen, in dem das ganze Programm eines einzuberufenden Kongresses von ihm geschrieben steht. In derselben Nacht wird dies Programm sowie die Einladungen und Instruktionen an die Botschafter in die Welt telegraphiert. Es wird von allen Großmächten im Wortlaut akzeptiert, nur ein einziges Wort auf Wunsch Englands geändert. Es war das Programm des Berliner Kongresses.

Ebenso schnell kombiniert er. Im Feuilleton der „Norddeutschen Allgemeinen Zeitung" erscheint ein englischer Roman in Übersetzung in Fortsetzungen. Man liest ihn auf dem Lande, man spricht vom Ausgang. „Den kann ich dir genau sagen", und Bismarck beschreibt die Entwicklung richtig bis zum Schluß. Jemand, der den Roman im Original kannte, glaubte zuerst gar nicht, daß er dem Fürsten unbekannt war.

Bei Sedan wird auf den Hügel, wo der König und die Generale mit Bismarck halten, die erste Nachricht gebracht, Napoleon sei in der Festung. Alles atmet auf. Bismarck sagt sofort: „Wenn das wahr ist, dann ist der Friedensschluß in weite Ferne gerückt." Er hat in derselben Minute, die alle Andern enthusiasmierte, kombiniert, daß nach der Gefangennahme des Kaisers niemand da sein wird, mit dem man Frieden schließen kann.

Das Höchste, was er an Kombination geleistet hat, blitzartig erleuchtet, geschah am Tage des Nobilingschen Attentates. Er geht in den Varziner Wäldern allein spazieren, als die Depesche kommt. Niemand traut sich, es ihm mitzuteilen, der Kaiser ist noch in Lebensgefahr. Tiedemann muß es tun. Bismarck kommt, „von seinem Hunde begleitet langsam im Sonnenschein über das Feld daher. Er war in der heitersten Laune und erzählte von seiner Wanderung. Nach einer kleinen Pause sagte ich: Es sind einige wichtige Telegramme eingelaufen. Dann: Sie enthalten eine empörende Nachricht, es ist wieder auf den Kaiser geschossen worden, und diesmal haben die Schüsse getroffen, der Kaiser ist schwer verwundet! Mit einem Ruck blieb der Fürst stehen. Er stieß in heftiger Bewegung seinen Eichenstock vor sich in die Erde und sagte, tief aufatmend: „Dann lösen wir den Reichstag auf!" Rasch schritt er dem Hause zu, in dem er sich im Gehen nach den Einzelheiten erkundigte. Beim Eintritt ins Haus befahl er den Dienern, alles zur Abreise nach Berlin vorzubereiten."

Dies ist Bismarck, der im selben Moment, wo ihn die schwere Verwundung seines von ihm persönlich sehr geliebten Königs gemeldet wird, nichts anderes schließt als: Jetzt oder nie ist die Stimmung im Volk empört genug, um das vom Reichstag abgelehnte Sozialistengesetz mit einer neuen Mehrheit durchzubringen.

Er hatte die Offenheit des Genies.

Er teilt diesen Zug mit Friedrich: absolute Verschlossenheit über die Mittel bei verblüffender Offenheit über die Ziele. Im Juni 62 speist er in London bei Disraeli, damals Führer der Opposition. Nach dem Diner sagt er ihm: „Ich werde binnen kurzem genötigt sein, die Leitung der preußischen Regierung zu übernehmen. Meine erste Sorge wird sein, mit oder ohne Hilfe des Landtags die Armee zu reorganisieren. Dann werde ich den ersten besten Vorwand ergreifen, um Österreich den Krieg zu erklären, den Deutschen Bund zu sprengen, die Mittel- und Kleinstaaten zu unterwerfen und Deutschland unter Preußens Führung eine neue Einheit zu geben. Ich bin hierher gekommen, um dies den Ministern der Königin zu sagen." Disraeli, als Genie dem Genie lauschend, sprach darauf zu seinen Freunden die klassischen Worte: „Take care of that man! He means what he says."

Im August 64, als Preußen soeben mit Österreich in Waffenbrüderschaft Krieg geführt hatte, wird Bismarck vom Grafen Rechberg bei Wien ein Diner gegeben. Bismarck, zu einem Kreise von Diplomaten, mitten in einem Gespräch „mit einem ironischen Lächeln sich abwendend: ‚Ich glaube, der Ort ist schlecht gewählt, um Ihnen ein Glaubensbekenntnis abzulegen. Aber man gewinnt nichts, wenn man seine Augen den offenkundigen Tatsachen verschließt. Es ist augenscheinlich, daß die österreichische Monarchie wenig deutsch ist. Sie täten also viel besser, sich auf Ihre wirkliche Kraft, die im Bunde Ihrer zahlreichen Völkerschaften besteht, zu stützen, als dem Traum einer Oberherrschaft in Deutschland nachzulaufen, die wir Ihnen streitig machen, und auf die Sie keinen Anspruch haben. Was deutsch ist, wird früher oder später zu Deutschland zurückkehren. Es ist nicht schwieriger, Wien von Berlin aus zu regieren, wie Pest von Wien. Es würde sogar leichter sein.‘ Darauf entstand ein kurzes Schweigen unter allen Anwesenden, das Bismarck benutzte, um die Fensternische zu verlassen und sich unter die andern Gruppen in dem sehr finster gewordenen Salon zu mischen. Einige Augenblicke später hörte man seine Stimme in fröhlichem Tone von dem Gastgeber Abschied nehmen." Genau zwei Jahre später, an diesem Datum, lagen die beiden Staaten in Krieg.

Er hatte die Sinnlichkeit des Genies.

Nur wo er die Lage, die Dinge mit Augen sah, hatte er geniale Einfälle. Er vermochte nicht in mathematischem Sinne zu wirken. Mit Recht hat man darauf hingewiesen, wie merkwürdig es ist, daß der größte europäische Staatsmann des Jahrhunderts in seinen Betrachtungen über Rußlands Zukunft (in den Memoiren) Ostasien überhaupt nicht nennt. Sechs Jahre darauf begann der russisch-japanische Krieg. Auch hat er die asiatischen Reibungen zwischen England und Rußland nie verwertet, obwohl sie schon zur Zeit seiner Kanzlerschaft an mehreren Stellen existierten.

Er kannte diese Länder nicht. Seine Politik beschränkte sich auf das ihm vertraute Europa. Wo er aber sinnlich greifen und sehen kann, wirkt in ihm das Genie.

Kriegsrat von Czernabora: Bismarck kommt zu spät. Der König orientiert ihn, es handelt sich um den Angriff auf die Florisdorfer Linien, um nach Wien zu gelangen. Vierzehn Tage brauchte man, um schweres Geschütz zu beschaffen. Bismarcks erster Eindruck ist, daß in vierzehn Tagen das Schwergewicht der französischen Einmischung gefährlich verstärkt werde. Er fragt also, ob überhaupt jene Befestigungen erstürmt werden müßten und nicht umgangen werden könnten: „Mit einer Viertelschwenkung links könnte die Richtung auf Preßburg genommen und die Donau dort mit leichter Mühe überschritten werden. Dann würden die Österreicher entweder den Kampf in ungünstigerer Lage mit Front nach Osten südlich der Donau aufnehmen oder vorher auf Ungarn abweichen. Dann sei Wien ohne Schwertstreich zu nehmen." Das schlägt der Mann vor, der nie in einem Generalstab studiert oder gesessen.

Der König läßt sich eine Karte reichen, stimmt zu, und zum Ärger der Generale wird der Vorschlag des Ministers „wie mir schien, widerstrebend" in Ausführung genommen. Dies ist Bismarck, der 14 Tage politisch gewinnen muß und, um das zu erreichen, an der Hand der Karten so durchschlagende strategische Vorschläge macht, daß sie die Generale beschämen. Man denkt an Goethe, der auf einem Friedhof in Venedig einen Schädel aufhebt, betrachtet und eine überhaupt neue Auffassung des Schädelbaues etabliert.

Diese Sinnlichkeit genialer Auffassung wird auch dort kenntlich, wo sie nicht fruchtbar wirkt. Versailles. Verhandlungen wegen der Kriegsentschädigung. Abends kommt Bismarck in den Salon. Er spielt mit einem Napoléon d'or, balanciert ihn auf der Spitze des Mittelfingers, als wolle er ihn wägen, und sagt: „100 Millionen doppelte Napoléon d'or, das wäre jetzt ungefähr die Kriegsentschädigung in Gold, später kostet's mehr, 4000 Millionen Franks. 4000 Taler in Gold würden ein Zentner sein, 30 Zentner gehen auf einen tüchtigen zweispännigen Wagen. Ich habe einmal 14 000 Taler in Gold von Berlin nach Hause bringen müssen. Was das schwer war! — Das wären etwa 800 Wagen!"

Er trug die Einsamkeit des Genies.

Als er sein Werk begann, galt er für toll. Nicht bloß daß die Feinde ihm das Schafott prophezeihen, auch die Parteigänger mißtrauen. Niemand glaubt an ihn. Er gilt unter den Berliner Diplomaten für nervenkrank. „Denn wie kann ein ge-

262

sunder Mensch dem Vertreter Österreichs sagen: Ihr tätet gut, euren Schwerpunkt nach Ofen zu verlegen." Ehe er eintritt, wird Keudell von einem im Auswärtigen Amt ehedem arbeitenden Herrn gewarnt: dieser Chef sei zuweilen unzurechnungsfähig. Simson, ein Altliberaler, später Bismarcks größter Bewunderer, erklärt, dieser Regierung könne man nur die jedem Seiltänzer zugewandte Bewunderung zollen, daß sie nicht falle. Und mit den wenigen, die ihn verstanden, ging es ihm ähnlich wie Hegel mit seinen Schülern. Goltz, den er vollständig in seine Pläne eingeweiht, sagte in seiner Gegenwart zu Freunden: „Nun macht dieser Mensch meine Politik und macht sie falsch!"

Seine entscheidenden Unternehmungen vor 66 wurden nicht nur von Parlament und Presse, sondern auch von denen bekämpft, die seine Partei waren, und sogar von dem Haus, dessen Macht er vertrat. Die Österreich freundlichen Stockkonservativen, meist Offiziere, wollten die Erinnerung an eine Waffenbrüderschaft nicht opfern, die kaum vorüber war. Der Kronprinz, Prinz Karl, die Königin, die Kronprinzessin, die Königin-Witwe, alle hielten ihn für einen Spieler.

Unter allen Menschen glaubten an Bismarck in den entscheidenden Stunden nur die beiden, die er auch dann geliebt hätte, wenn sie nicht an ihn glaubten: seine Gefährtin und sein König. Dieser König, der widerstrebend diesen Minister nahm, der den Frieden wollte und dennoch Krieg führte, der nachgab, ohne auch nur die Pläne des Lehnsmannes ganz zu kennen, verdient Bewunderung:

er allein erkannte das Genie, obwohl es ihm unheimlich und in allem sehr unpreußisch als Minister schien.

Aber es gab für ihn noch eine tiefere Einsamkeit. „Faust klagt über die zwei Seelen in seiner Brust," sagte Bismarck einmal, „ich beherberge aber eine ganze Menge, die sich zanken. Es geht da zu wie in einer Republik. Das meiste, was sie sagen, teile ich mit. Es sind aber auch ganze Provinzen, in die ich nie einen andern Menschen hineinsehen lasse." So lautet das Epigramm des einsamen genialen Problematikers.

Er hatte das Glück des Genies.

Die ihn hassen, ohne ihn zu studieren, sagen wohl noch heute von ihm, er habe seine Erfolge dem Glücke zu verdanken. Er selbst hat alles in wenigen Worten nach dem Sturz in einer Rede gesagt: „Man hat von mir gesagt, ich hätte außerordentliches Glück gehabt in meiner Politik. Das ist richtig. Aber ich kann dem Deutschen Reich nur wünschen, daß es immer Kanzler und Minister haben möge, die Glück haben. Es hat es eben nicht jeder!" Man spürt, wie in diesen Worten Realist und Fatalist, Stolz und Ironie zusammenschmelzen.

Wiederum in den zwei entscheidenden Momenten seines Lebens trat dieses Glück zu Bismarck, wie es nur zum Genie tritt, das es magisch anzuziehen weiß.

Als im April 66 alles zum Losschlagen bereit scheint, schlägt die Friedenspartei in Wien vor, die Rüstungen Zug um Zug rückgängig zu machen;

was alle Welt in Berlin lebhaft begrüßt. Bismarck ist in Verzweiflung. Sein Werk hält er für verloren: in Berlin sei er unnütz, und ostentativ tritt er eine Reise nach Hamburg und Kiel an. Da, drei Tage später zerstören die Österreicher selber die Wirkung ihres Vorschlages, indem der Kaiser überstürzte Befehle zur Mobilisierung der Südarmee erläßt. Nun kann Bismarck sagen: Wenn ihr gegen Italien rüstet, können wir nicht in Garnison liegen.

Dasselbe im Juli 70. Die Nacht vom 12. zum 13. verbringt er schlaflos. Alle Schrecken eines schuldlos Geschlagenen überwältigen ihn. Seit acht Jahren Tat um Tat, jetzt die blendende Gelegenheit, sein Werk durch den Krieg zu vollenden, wochenlang die spanische Sache Zug um Zug so geleitet, daß die Verwicklung, die er im Bewußtsein eines überlegenen Heeres jetzt wünscht, unausbleiblich erscheint: und nun gibt sein König in Ems jene demütigende Erklärung an Benedetti ab, — und vor der Welt ist Bismarck einem Gramont unterlegen, dem geistlosesten Diplomaten Europas. Da, am Morgen des 13. erhält er die erlösende Depesche: Frankreich ist noch immer nicht befriedigt und erhebt neue Forderungen.

In beiden Augenblicken hat der gegnerische Fehler ihm ein Glück wieder zugespielt, das sich zu wenden schien. Diese politische Schreibweise ist richtig. Man sollte aber, mindestens im Angesicht von Bismarcks Fatalismus, nie vergessen, daß Jenseits noch metaphysische Griffel Geschichte schreiben.

*

Alle Züge des Genies und alles Hin und Wider der ihm innewohnenden Kräfte war in ihm allein um seines Werkes willen: Er hatte die Monomanie des Genies, wie der Künstler.

40 Jahre dient Bismarck dem Staat, 28 Jahre an erster Stelle. Aber in acht Jahren ist sein Werk vollendet. Den achten Jahrestag der Übernahme des Ministeriums verzeichnet er bereits auf einem Briefkopf aus Frankreich. Sedan ist geschlagen.

In Bismarck lebt der dämonische Wille des Künstlers zu seinem einzigen Werk, gebannt aber durch jene Kräfte, die ihn auf Realitäten weisen und nicht in Versuchen sich ermüden lassen, auf napoleonische Art barocke Träume zu verwirklichen. Bismarck wollte Deutschland, durchaus nicht weniger, aber auch durchaus nicht mehr: Das nannte er sein Noli-me-tangere.

In ihm lebt die große Konzeption des Künstlers. Schon in den 50er Jahren äußert er seine unerschütterlichen Ziele. Noch ehe er Minister ist, legt er dem Könige, im Jahre 61, eine Denkschrift vor, die alle Grundzüge des Deutschen Reichs enthält. Um solcher Dinge willen gilt er eben für toll. Der Gasteiner Vertrag ist kein Gegenbeweis, sondern ein Beweis dafür: denn er sagt von ihm, er solle die Risse im Bau „noch einmal verkleben". Er weiß also, daß er doch bald einstürzen muß.

In ihm lebt die Unermüdlichkeit des Künstlers vor der Vollendung. Beim Einzug im September 66 wird die Wirkung der furchtbaren vier Jahre sichtbar: er ist bleich und krank, der Erschöpfte möchte sich zurückziehen. Darüber klagt er immer wieder im Herbst. Aber es läßt ihn nicht mehr los. Man rät zur Riviera über den Winter, damit er dann mit frischer Kraft im Frühjahr für die Errichtung des Bundes wirken könne. Er antwortet: „In Pommern sagen die Frauen, wenn die Stunde der Entbindung naht: Jetzt muß ich meiner Gefahr stehen. Auch ich muß es darauf ankommen lassen, ob ich zugrunde gehe oder nicht." Man hört den Herzschlag des unvollendeten Werkes.

Dann beschleunigt sich das Tempo: Dreiviertel Jahre vor der Vollendung wittert er sie sozusagen, obwohl noch tiefer Friede herrscht. „Haben wir nicht", fragt er im Februar 70 den Reichstag, „in bezug auf Süddeutschland ein kostbares Stück nationale Einheit erreicht? Übt nicht das Präsidium des Bundes in Süddeutschland ein Stück kaiserliche Gewalt, wie es im Besitze der Deutschen Kaiser seit fünfhundert Jahren nicht gewesen? Der Name macht es nicht!"

Schließlich kommt das große Fieber, und man darf nie vergessen: es ist nicht die Wilhelmstraße, es ist Versailles, wo er die Deutsche Einheit zustande bringt: nicht aber, indem er den „Kaiser ausrufen" läßt, sondern durch monatelange Verhandlungen, und diese führt er immer leidenschaftlicher, während im Norden, Süden und Westen neue Kämpfe mit Gambettas Heeren bevorstehen. Während der Mont Valérien täglich bis gegen Versailles hinüberschießt, daß buchstäblich Bismarcks Fenster klirren, arbeitet er an der Verfassung seines Werkes.

Dies ist Bismarck der Künstler, dem dann im Augenblicke der Verlesung im Spiegelsaal die Stimme versagt, dem alles Blut aus Wangen und Ohren weicht, — dem Eisernen Kanzler.

Der Mann, der prachtvoll in den Feldzug geht, scheint, als er von dort zurückkehrt, wo er sein Werk vollendet, „um Jahre älter, vornübergeneigt, das Auge matt, das Gesicht schmal".

Anfang der 70er Jahre hat er dann zu befreundeten Abgeordneten die bedeutsame Äußerung getan: „Ich langweile mich, die großen Dinge sind getan. Das Reich ist aufgerichtet, es ist anerkannt und geachtet bei allen Nationen. Koalitionen wird man zuvorzukommen wissen. Ich habe keine Lust mehr, auf schlechte Hasenjagd zu gehen. Ja, wenn es gälte, einen mächtigen Eber zu erlegen, dann würde ich mir noch einmal etwas zumuten."

In ihm lebt der Schöpfungstrieb des Künstlers, der Kriege, Wagnisse und ihre Wirkungen zu neuen Schöpfungen braucht. Darum ist er kein Reformator, der die innige Freude an Mosaikarbeit haben und in kleinerem Format arbeiten muß. Hier ist der Grund, warum er nicht mit Leidenschaft das Innere verwaltete. Darum seine Verachtung gegen den Fraktionshaß in solchen Fragen. Innere Politik ist ihm nur immer Mittel zu seinem Werk: „Alles, was nachher folgen mag, sagt er im Reichstag, liberale, reaktionäre, konservative Verfassung, meine Herren, ich gestehe ganz offen, das kommt mir in zweiter Linie, das ist ein Luxus der Einrichtung, der an der Zeit ist, nachdem das Haus festgebaut dasteht. Schaffen wir zuerst einen festen, nach außen gesicherten Bau, und dann fragen Sie mich um meine Meinung, in welcher Weise das Haus zu möblieren sei. Dann kann man es so machen oder so. Es gibt Zeiten, wo man liberal regieren muß, und Zeiten, wo man diktatorisch regieren muß."

„Jeden Schachzug im Innern", schreibt er in den Memoiren, habe er zwischen 66 und 70 danach eingerichtet, ob nach außen hin der Eindruck der Solidität unserer Staatsgeschäfte dadurch gefördert oder geschädigt werden könnte. Auch das allgemeine Wahlrecht, „die damals stärkste der freiheitlichen Künste", habe er im Jahre 66 in die Pfanne geworfen, um das monarchische Ausland abzuschrecken. — Man muß es symbolisch verstehn, daß die großen Neuwahlen, die durch den plötzlichen Einzug von 140 Konservativen in das neue Haus endlich Bismarck eine Majorität verschafften, am Tage von Königgrätz abgehalten wurden.

In ihm lebt der Wille des Künstlers, sein Werk allein zu wirken. Nie hat er es geduldet, daß Deutschland mit Hilfe anderer zustande kam. Im Sommer 63 mußte er das zweimal erleben. Er liebt kein Ausland so wie Rußland und überdies den Zaren persönlich, aber als dieser dem König vorschlägt, mit ihm gemeinsam sich gegen Österreich zu verbünden, beschwört Bismarck den König abzulehnen: denn dann könnte Rußland bei der Neugestaltung Deutschlands später mitreden. Qui a compagnon, a maître. Im nächsten

Monat hält er den König noch leidenschaftlicher vom Frankfurter Fürstentag zurück, auf dem die deutsche Frage nicht ohne oder gegen, sondern mit Österreich entschieden werden soll. Bismarcks Werk steht auf dem Spiel. Der König kämpft, bis er krank wird. Bismarck siegt.

Wer aber diesen Mann beim Werke selbst überrascht, findet ihn vollends als Künstler. Wider Willen, überall überfällt ihn der Gedanke. Schnell schläft er meist ein, wacht aber bald wieder auf und beginnt nun im Kopf Depeschen und Briefe zu schreiben. „Ich weiß nicht, ich möchte lieber schlafen, aber ich muß: es denkt, es spekuliert in mir!" Dasselbe Wort überliefern die großen Künstler allenthalben. Napoleon aber konnte sich niederlegen und sich befehlen, nach zwanzig Minuten gestärkt aufzuwachen.

Bismarck hat eine gewisse Art, sich erst lebhaft mitzuteilen, dann plötzlich zu verstummen, schließlich zu schweigen oder fortzugehn. In der Frankfurter Zeit sitzt er gern dem Gast am Kamin rauchend gegenüber, richtet anfänglich das Wort an ihn, erwartet bald keine Antwort mehr, ervergißt ihn ganz. „Vielmehr gab er, wie unbekümmert nach außen hin, mit drastischer Schilderung das Bild der Dinge, die ihn bewegten, und knüpfte daran seine Folgerungen für die Zukunft: Dann wird vermutlich die Sache so kommen, und darum wird man das machen müssen, aber wahrscheinlich unterlassen ... Monologe .."
Oder er kommt erhitzt und bestaubt vom Manöver, fragt den Sekretär nach neuen Ein-

gängen, hört ein unhöfliches englisches Zirkular und diktiert sofort in gebundener Form einen Aufsatz für die Presse über die französisch-deutsch-englischen Beziehungen. „Nach diesem Diktat setzte er sich ins Fenster und sagte halblaut: Solange der Erbprinz in Kiel bleibt, hat man keine Sicherheit . . . Die Schleswig-Holsteinsche und die große Deutsche Frage hängen so eng zusammen, daß wir, wenn es zum Bruch kommt, beide zusammen lösen müssen. Pause. Dann: Und wenn unter den Ministern der Mittelstaaten sich ein Ephialtes fände, — die große deutsche Nationalbewegung würde ihn und seinen Herrn unterdrücken! — Dann stand er schnell auf und verließ das Zimmer."

In Versailles sieht man in den hellen Herbstnächten die hohe Gestalt und die weiße Mütze des Kanzlers zuweilen aus dem Schatten der Büsche in den Mondschein treten und langsam weiter wandeln. Einmal sieht er nachts eine Leiter angelehnt und fühlt (55jährig) „sogleich das unüberwindliche Bedürfnis, darauf an der Mauer hinaufzusteigen. Wenn nun da eine Schildwache stand? Ich unterhielt mich zuletzt mit dem Posten an der Tür". Er freut sich, daß der über den österreichischen Krieg so gut Bescheid weiß, und fragt ihn schließlich „ob er wohl dächte, daß wir nach Paris hineinkämen".

Ist dies alles nicht bei Shakespeare zu lesen? Der schlaflose Mann, der einsame Wanderer nachts im Mond. Eine Leiter. Dann spricht er mit dem Posten.

*

Die deutschen Denker haben eine Leidenschaft für das Tragische. Wo immer ein Mann auftritt, den es gilt zu ergründen, so suchen sie alsbald auf das Tragische zu kommen. Bismarcks Tragödie wird schnell gefunden: Der Sturz des Mächtigen. Aber da steckt sie nicht.

Denn tragisch kann immer nur ein innerer Zustand sein, der freilich in einem äußeren Geschehnis explodieren mag. Dies wäre dann ein Sturz, wenn er bei Bismarck existierte.

In Wahrheit liegt das Tragische viel tiefer in ihm. Es folgt aus seiner problematischen Natur: Gewaltsamkeit und Wille zur Macht in einem Mann, den andere Triebe hinderten, nur gewaltsam oder nur in der Macht zu leben.

Im Anblick seiner Seele fanden wir die Züge, die ihn zu einem Diplomaten machten. Als er indes die Pläne für sein Werk entwarf, stand der Krieg darin verzeichnet. Aber er durfte ihn nicht selbst führen, er war kein Feldherr. Dennoch mußte er unablässig mit diesem entscheidenden Faktor rechnen, der ganz entrückt war seinem Willen, seiner Stellung, seinem Wissen, seinem Talent.

Dort stand das riesige Temperament gebändigt: untätig mußte er bleiben in den größten Augenblicken, die er selbst herbeigeführt, und deren Ausgang über sein Werk entschied. Eine rasende Unruhe ergreift ihn dann. An Roon schickt er im Dänischen Kriege viel fliegende Zettel, deren einer lautet: „Bei der Schwäche unserer Cadres kommen wir doch nicht etwa dahin, daß unsere Streitkräfte irgendeinen Moment den vereinigten Bun-

...genossen nicht zweifellos überlegen sind? Bitte beruhigen Sie mich! In Flensburg soll kein Mann von uns sein!"

Bei Königgrätz muß er auf seinem Riesenfuchs neben dem Könige halten und den ganzen Tag Zuschauer spielen, während er doch in einem tieferen Sinne noch als selbst der König zu sich sagen muß: Tua res agitur! Am Abend sagt zu ihm der Flügeladjutant: „Exzellenz, jetzt sind Sie ein großer Mann. Wenn der Kronprinz zu spät kam, waren Sie der größte Bösewicht!" Bismarck lächelt. Dieser Offizier hatte ganz recht. Bismarck wäre dann zwar nicht als Bösewicht, sondern, wie er wiederholt versichert, beim letzten Reiterangriff geendet. Aber sein Werk wurde durch solchen Verzweiflungstod nicht gerettet. Dies Werk hing an den Schlachten, die E r nicht leitete.

1. September 70, auf dem Hügel bei Sedan. In weitem Bogen steigen Wolken von Pulverdampf auf, und die wohlbekannten weißen Nebelkugeln der Shrapnells zerspringen überall. Alle Generale, alle Offiziere, der letzte Infanterist ist Mitspieler des welthistorischen Stückes. Nur der Mann, der dies alles erdacht oder ermöglicht, dessen Werk nun die Kanonen entscheiden, sitzt „rittlings auf einem Feldstuhl und studiert ein mehrere Bogen dickes Aktenstück", das er sich in die Schlacht als Arbeit mitgenommen.

In Versailles wird er, trotz Eingaben beim Könige, vom Generalstab abgesperrt und erfährt oft um elf Uhr abends durch diesen, was er mittags um zwei Uhr von Reportern erfahren. Monatelang zittert er vor der Einmischung der Neutralen, weil der Stab gegen die Beschießung der Hauptstadt ist. Noch einmal ist sein Werk in Lebensgefahr. Die Wirkung solcher Einmischung, auch auf die Südstaaten, mit denen die Verhandlungen immer schwieriger werden, ist nicht abzusehn. Als aber endlich das Kommando zum Bombardement gegeben ist, schreibt Bismarck: „Ich zähle durchschnittlich 20 bis 25 Schuß in der Minute, und bei manchen zittern die Fenster und der Boden leise mit. Ich denke, daß die Verhandlungen bald angehen werden."

Bismarck an seinem Schreibtisch, mit der Uhr in der Hand die Schüsse zählend, die er heraufbeschworen, tatenlos auf die Verhandlungen wartend: das ist tragisch. —

Der andere tragische Punkt in Bismarck: das ist die Tragik eines Mannes, der, allen umher überlegen, als Minister mit jeder Macht ausgestattet, Diktator in den ersten, Autokrat in den letzten Jahren, belebt von solchem Willen zur Macht, so sicher umrissen das Bild seines Werkes vor Augen, dabei Freund seines Königs und schon aus Rasse, Glauben, Überlegung unfähig zu einem Gewaltstreich nach oben, — dennoch abhängig ist bei jedem Schritt und ohne Macht den kleinsten in letzter Instanz zu entscheiden.

In Frankfurt sagte er zu Keudell: „Ja, wenn man so über das Ganze disponieren könnte!" Aber als er das konnte, sah er, daß es dennoch nichts war. In Versailles saß er eines Tages bei Tisch, seufzte, richtete sich gerade auf und sagte: „Ja, wenn man selbst beschließen und befehlen könnte!

Aber andere dazu zu bringen!" Dabei muß man noch an den langsameren Schritt und Geist des Königs denken.

Und ein anderes Mal setzte er sich dort „spät abends seufzend zu den andern und sagte: „Ach, ich dachte eben wieder einmal, was ich oft schon gedacht habe: Wenn ich doch nur einmal für fünf Minuten die Gewalt hätte zu sagen: So wird es, und so wird es nicht! Daß man nicht zu beweisen und zu betteln hätte bei den einfachsten Dingen! Das ging doch viel rascher bei Leuten wie Friedrich dem Großen, die selber Militärs waren und zugleich was vom Gange der Verwaltung verstanden und ihre eigenen Minister waren. Auch mit Napoleon. Aber hier! Dieses ewige Reden- und Bettelnmüssen. Ja, wenn man Landgraf wäre! Das Hartsein traue ich mir zu. Aber Landgraf ist man nicht!"

Dies ist Bismarck in Versailles, dicht vor Vollendung seines Werkes: der am Schreibtisch die entscheidenden Schüsse zählt, unter denen Paris kapitulieren soll, und der am Abendtisch seufzt: Ja, wenn man Landgraf wäre!

Auch diese ewigen Fesseln waren wie ein Symbol seiner Problematik. Wohin wäre er sonst gestürmt?

INHALT

ZUR LITERATUR

Sämtliche Zitate nach Bismarck stammen aus seinen Reden, Briefen, „Gedanken und Erinnerungen" und aus den bekannten Memoirenwerken von Busch, Keudell, Motley, Poschinger, Schweninger, Tiedemann.

Im gleichen Verlag sind folgende Essaybände erschienen:

Julius Bab: Bernard Shaw

Geheftet 6 Mark, gebunden 7 Mark.

Hermann Bahr: Dialog vom Tragischen

Kartoniert 2 Mark 50 Pfennig.

Hermann Bahr: Austriaca

3. Auflage.   Geheftet 3 Mark, gebunden 4 Mark.

Paul Barchan: Petersburger Nächte

2. Auflage. Geh. 3 M. 50 Pf., geb. 4 M. 50 Pf.

Oskar Bie: Zwischen den Künsten

Beiträge zur modernen Ästhetik.   Geheftet 2 Mark.

Richard Dehmel: Betrachtungen über Kunst, Gott und die Welt. Essays, Dialoge und Aphorismen.

Geh. 3 Mark 50 Pfennig, geb. 4 Mark 50 Pfennig.

Arthur Eloesser: Literarische Porträts aus dem modernen Frankreich

Geheftet 4 Mark, gebunden 5 Mark.

Hugo von Hofmannsthal: Die Prosaischen Schriften

Zwei Bände. Jeder Band geh. 3 Mark, geb. 4 Mark.

Sigurd Ibsen: Menschliche Quintessenz

Geheftet 4 Mark, gebunden 5 Mark.

Johannes V. Jensen: Die neue Welt

2. Tausend.   Geheftet 4 Mark, gebunden 5 Mark.

Rudolf Kassner: Motive

Geheftet 4 Mark, gebunden 5 Mark.

Rudolf Kassner: Melancholia

Eine Trilogie des Geistes. Geh. 4 Mark, geb. 5 Mark.

Alfred Kerr: Das neue Drama
>3. Auflage. Geheftet 5 Mark, gebunden 6 Mark.

Ellen Key: Der Lebensglaube
>Betrachtungen über Gott, Welt und Seele.
>8. Tausend. Geheftet 4 Mark, gebunden 5 Mark.

Ellen Key: Über Liebe und Ehe
>30. Tausend. Geheftet 4 Mark, gebunden 5 Mark.

Ellen Key: Seelen und Werke
>4. Tausend. Geheftet 4 Mark, gebunden 5 Mark.

Emil Reich: Henrik Ibsens Dramen
>Zwanzig Vorlesungen. 8. vermehrte Auflage.
>Geheftet 3 Mark 50 Pfennig, gebunden 5 Mark.

Felix Salten: Das österreichische Antlitz
>2. Auflage. Geheftet 4 Mark, gebunden 5 Mark.

Jakob Schaffner: Hans Himmelhoch
>Wanderbriefe an ein Weltkind.
>Geheftet 2 M. 50 Pf., gebunden 3 M. 50 Pf.

Karl Scheffler: Idealisten
>Geheftet 4 Mark, gebunden 5 Mark.

Carl Ludwig Schleich: Von der Seele
>2. Auflage. Geheftet 5 Mark, gebunden 6 Mark.

Bernard Shaw: Essays
>2. Auflage. Geheftet 5 Mark, gebunden 6 Mark.

Bernard Shaw: Ein Ibsenbrevier. Die Quintessenz des Ibsenismus.
>2. Auflage. Geh. 2 M. 50 Pf., geb. 3 M. 50 Pf.

Bernard Shaw: Ein Wagnerbrevier. Kommentar zum Ring des Nibelungen.
>2. Auflage. Geh. 2 M. 50 Pf., geb. 3 M. 50 Pf.

Oscar Wilde: Ästhetisches und Polemisches
>2. Auflage. Geheftet 3 Mark, gebunden 4 Mark.

Von Emil Ludwig ist im gleichen Verlage erschienei

MANFRED UND HELENA

Roman. Zweite Auflage. Geh. Mark 3.50, geb. Mark 4.5

Dieser neuzeitliche Roman „Manfred und Helena" ii
groß vor allem durch einen Willen zur Größe, wie e
in unserer deutschen Erzählungsliteratur heute selten z
finden ist, durch eine Selbstbewußtheit, die doch durch
aus nicht Hochmut, sondern Bewunderung und Stol
des Lebens ist. Es ist eigentlich nichts als der Erziehungs
roman eines Dichters und die Bewunderung einer Frau
aber eine immer gesteigerte und schöpferische. Eine
Frau, die vor jeder neuen Ekstase, vor jeder neuen Be
wunderung jedesmal wie eine Hülle immer eine neue
Schönheit abwirft, bis sie sich schließlich beide, der
Dichter und die Frau, fessellos nackt gegenüberstehen, er
geläutert zur höchsten Form des Mannes, zum Schöpfer,
sie zur höchsten des Weibes, zur Liebenden. In wunder-
voller Umkehr ist hier der Künstler als der Blinde er-
faßt, der erst sehend wird an der Erkenntnis der Frau,
der von allem Anbeginn Wissenden; und die Läuterung
des bloß schmückenden Künstlers zum produktiven bildet
die ideelle Steigerung des Romans. Unvergleichlich mit
den bisherigen Leistungen Ludwigs, den schönen, wenn auch
nicht frei gestalteten Dramen, zeigt der Roman einen un-
verhofften Aufstieg im inneren Erlebnis dieses Künstlers,
einen unerwarteten Reichtum vor allem an stolzem, pathe-
tisch menschlichem Lebensgefühl. Mir war es höchste
Freude, in einer Zeit, da die Dichter sich freiwillig mit ihrer
Lebensführung unterordnen, bei einem der Jungen wieder
den ganzen heroischen Stolz, das selbstadelnde Selbstbewußtsein des Künstlers zu empfinden, der mit all seiner Liebe
zurzeit doch nicht geneigt scheint, sich ihr zu unterwerfen,
sondern sich als ihr Besitzer und Beherrscher fühlt.

(Neue Freie Presse, Wien)

Spamersche Buchdruckerei in Leipzig.

lage er
LEN
geb. Mar
d Helen
röße, w
ute selb
doch du
und S
Erziehun
einer Fu
he. Ei
neuen k
ine ne
ide, d
ehen, e
chöpfe
runder-
de er
Frau,
erung
ildet
mit
uch
un-
rs,
te-
te
er
er
e-
xe
n,

)
.